아우렐리우스의 명상록

시 대 를 뛰 어 넘 는 인 생 의 가 르 침

아우렐리우스의 명상록

마르쿠스 아우렐리우스 지음

이현우 · 이현준 편역

소울메이트

소울메이트 우리는 책이 독자를 위한 것임을 잊지 않는다.
우리는 독자의 꿈을 사랑하고,
그 꿈이 실현될 수 있는 도구를 세상에 내놓는다.

아우렐리우스의 명상록

초판 1쇄 발행 2016년 8월 1일 | **지은이** 마르쿠스 아우렐리우스 | **편역자** 이현우 · 이현준
펴낸곳 ㈜원앤원콘텐츠그룹 | **펴낸이** 강현규 · 박종명 · 정영훈
책임편집 이은솔 | **편집** 최윤정 · 김효주 · 주효경 · 민가진 · 유채민
디자인 최정아 · 김혜림 · 홍경숙 | **마케팅** 송만석 · 서은지 · 김서영
등록번호 제301-2006-001호 | **등록일자** 2013년 5월 24일
주소 100-826 서울시 중구 다산로16길 25, 3층(신당동, 한흥빌딩) | **전화** (02)2234-7117
팩스 (02)2234-1086 | **홈페이지** www.1n1books.com | **이메일** khg0109@1n1books.com
값 12,000원 | **ISBN** 979-11-6002-023-6 03100

소울메이트는 ㈜원앤원콘텐츠그룹의 인문 · 사회 · 예술 브랜드입니다.
잘못 만들어진 책은 구입하신 서점에서 교환해 드립니다.
이 책을 무단 복사, 복제, 전재하는 것은 저작권법에 저촉됩니다.

이 도서의 국립중앙도서관 출판시도서목록(CIP)은 e-CIP홈페이지(http://www.nl.go.kr/ecip)에서
이용하실 수 있습니다.(CIP제어번호 : CIP2016017313)

당신의 생이 마치 천 년이나 남아 있는 것처럼 살지 마라.
죽음은 늘 당신의 눈앞에 다가와 있다.
그러므로 생명의 힘이 남아 있을 때 선한 일을 하는 데 힘써라.

• 마르쿠스 아우렐리우스 •

21세기에 다시 읽는 『명상록』

우리가 살아가는 21세기는 한마디로 '변화의 시대'다. 인류 역사가 시작된 이래 세상은 끊임없는 변화를 거치며 발전해왔 지만, 오늘 우리 세대가 경험하는 변화만큼 그 넓이와 깊이와 속도에 있어 혁명적인 시대도 없었던 것이 사실이다. 그래서 우 리는 같은 시대를 살고 있으면서도 세대 간의 갈등과 단절을 염 려하고, 오늘의 성취보다는 내일의 변화에 주목하며, 과거의 역 사보다 내일의 미래학에 더 많은 관심을 기울이며 살아간다.

이런 현대인들에게 지금부터 무려 1800여 년 전, 지구의 반대 편 모서리에 살았던 한 정치가요, 철학자의 수필집이 과연 어떤 의미가 있기에 아직도 우리의 시선을 잡아끄는 것일까? 그것도 이미 기존의 여러 번역서들이 즐비한 형편에 또 다시 그의 글에 새 옷을 입혀 현대 독자들에게 감히 내놓는 의도는 무엇일까? 아마 적지 않은 분들이 이런 의아심을 갖게 되리라 생각한다.

　　그렇지만 물질문명의 비약적인 발전과 변화에도 불구하고, 정작 우리의 삶을 풍요롭고 행복하게 하는 것은 결국 외적인 환경을 지배하고 조절하는 정신적인 능력에 달려 있음을 부인할 수는 없을 것이다. 삶의 의미와 목적, 가치에 대한 문제를 도외시하고서 단지 육신의 편안함만을 제공할 뿐인 물질적 풍요가 인생의 궁극적 행복을 담보할 수 있을까?

　　이런 점에서 이 책은 인간의 보편적 삶의 현안들이라고 할 수 있는 인생관, 세계관, 가치관의 문제를 가지고 우리의 시선을 고정시키기에 충분하다고 믿는다. 변하는 세계에 변하지 않는 인간 본질에 대한 통찰, 이것이 바로 그의 글이 시간과 공간을 초월해 후세대 사람들의 마음을 사로잡고, 오늘날까지 고전 중의 고전으로 추앙받는 이유이다.

독서의 맛을 아는 현대인이라면, 아마 어느 가정이라도 아우렐리우스의『명상록』한 권쯤은 서재에 꽂혀 있을 것이다. 그러나 이 책은 기존에 출판된 수많은『명상록』과는 완전히 차원을 달리하고 있다. 또 한 권의『명상록』이 아닌, 21세기에 다시 태어난『명상록』이라고 보면 될 것이다.

『명상록』은 불멸의 고전으로서의 가치와 뛰어난 수사학에도 불구하고 제대로 소화해 내기가 쉽지 않았던 것이 사실이다. 12개의 테마 구분이 워낙 추상적인데다 중복이 심하고, 수백 개에 달하는 수많은 칼럼들이 여기저기 산만하게 흩어져 있기 때문에 고도의 집중력과 인내심을 발휘하지 않고서는 그 책의 참맛을 느끼기가 어려웠을 것이다.

이에 편역자들은 21세기의 일반 독자들이 아우렐리우스의 사상과 스토아철학의 정수를 보다 손쉽게 이해할 수 있도록 기존의 12개 테마를 6개의 주요 테마로 재분류하고, 핵심적인 내용을 뽑아 77개의 칼럼으로 완전히 재정리했다.

　편역자들이 바라건대, 이런 새로운 시도가 딱딱한 철학적 사고에 익숙지 않은 일반 독자들이 철인왕의 위대한 정신을 느끼는 데 도움이 되었으면 한다. 더 나아가 이 책이 독자들의 삶을 조금이라도 변화시키는 계기가 된다면 더 이상 바랄 것이 없을 것이다.

편역자 이현우·이현준

Contents

1 나는 이 세상에서 반드시 해야 할 일이 있다

2 내일부터의 인생을 특별 보너스라고 여겨라

3

내 영혼 속보다 더 조용하고 평온한 곳은 없다

Marcus Aurelius Antoninus

4 인생의 길에서 내 영혼이 비틀거리게 하지 마라

5 | 용서하고 화해하는 것은
인생의 소중한 의무다

Marcus Aurelius Antoninus

6 정의를 성취하는 것이야말로 최고의 성공이다

1

Marcus Aurelius Antoninus

나는 이 세상에서
반드시 해야 할 일이
있다

나는 이 세상에 태어나
반드시 해야 할 일이 있다

많은 말이라든지, 포도나무라든지, 존재하는 모든 것은 어떤 목적을 위해 창조되었다. 이것은 전혀 의아스러운 말이 아니다. 심지어는 태양조차도 당신에게 이렇게 말할 것이다. "내가 여기서 해야 할 일이 있다." 하늘에 있는 그 밖의 다른 존재들 또한 이구동성으로 말할 것이다.

그렇다면 당신은 어떤 목적을 가지고 태어났는가? 단순히 세상을 즐기기 위해서? 그런 생각이 과연 용납될 수 있다고 생각하는가? 우주가 무엇인지 모르는 사람은 자기가 어디에 있는지 알지 못한다. 우주의 목적이 무엇인지 모르는 사람은 자기가 어떤 존재인지 알 수 없다. 이 둘 중 어느 것 하나라도 제대로 이해하지 못한 사람은 자신이 무엇 때문에 이 세상에 태어나게 되었는지조차 설명할 수 없다.

그렇다면 자신이 어디에 있는지, 자기의 존재가 무엇인지도
모르면서 소리나 질러대는 군중들의 찬사를 추구하려 하고, 또
는 그들의 비난을 회피하기 위해 애쓰는 사람에 대해 당신은 어
떻게 생각하는가?

이 세상을 살아가는 나는
모래알과도 같은 존재다

거대한 우주의 장엄함을 생각해보라. 그 속에서 당신이 차지하는 부분은 얼마나 미미한가? 무한의 시간을 생각해보라. 당신에게 할당된 시간은 그저 휙 지나가 버리는 찰나에 불과하다. 운명의 섭리를 생각해보라. 당신은 그 안에서 얼마나 무기력한 존재인가?

당신은 전체 안에서 오직 한 부분에 불과하며, 당신을 낳아준 자연으로 사라질 존재이다. 당신은 우주의 창조적 이성으로 다시 한번 변화되어야 할 존재이다.

자연의 목적에 따라
모든 사물이 생겨났다 사라진다

자연은 항상 분명한 목적을 가지고 있으며, 이 목적에 따라 사물의 시작과 존속, 그리고 사멸이 이루어진다. 자연의 목적은 마치 공을 던지는 사람과 같다.

공이 위로 올라간다고 해서 공에게 어떤 이로움이 있을까? 반대로 공이 아래로 떨어진다고 해서, 혹은 땅에 떨어진 후 멈춰 선다고 해서 공 그 자체에 어떤 해로움이 있겠는가? 물거품이 일어나는 것은 좋은 일이고, 사라지는 것은 나쁜 일이라고 할 수 있을까?

자연의 이치에 대해 논쟁하는 것은 아무 의미가 없다

지금 손에 쥐고 있는 오이 맛이 쓴가? 그렇다면 던져 버려라. 가는 길에 가시덤불이 놓여 있는가? 그럼 피해가면 된다. 그것으로 충분하다. 왜 이런 일들이 세상에 일어나는지에 대해 복잡하게 따지지 마라. 만일 당신이 목수나 제화공의 작업장에 가서 물건을 만들다 생긴 대팻밥이나 널려진 가죽 조각에 시비를 건다면, 그들의 웃음거리가 되고 마는 것과 마찬가지다.

자연은 제한된 공간에도 불구하고 낡고, 오래되고, 쓸모없을 것 같은 모든 사물을 자기 안에 받아들여 새롭게 변화시키고, 새로운 피조물로 재생시킨다. 자연은 이전에 존재하지 않던 어떤 새로운 재료를 공급 받는 일도, 쓰레기들을 버려야 할 폐기장도 필요로 하지 않는다. 오직 자기 자신의 공간에서, 자신만의 재료를 가지고, 자기의 솜씨만으로도 자연은 부족한 것이 없다.

나에게 일어나는 모든 일들은 애초에 예정되어 있었다

당신에게 일어나는 모든 일들은 태초부터 당신을 위해 예정된 것들이다. 인과라는 직조물 속에서 당신이라는 존재의 실은 매 순간 구체적인 사건과 얽혀 짜여지고 있는 것이다. 무슨 일이 벌어지든지, 그 모든 일들은 정당한 이유를 가지고 있다. 사물을 세심하게 관찰해보라. 그러면 이것이 진리임을 깨닫게 될 것이다.

사건의 연속성 속에는 단지 그 결과만 홀로 존재하는 것이 아니라 공정하고 합당한 질서가 내재되어 있는데, 이는 모든 사물에 합당한 권리를 부여하는 신의 섭리에 의한 것이다.

기쁘든지 괴롭든지
일상의 일을 보고 놀라지 마라

25

무화과나무에 무화과가 열렸다고 해서 놀랄 사람은 아무도 없을 것이다. 마찬가지로 일상에서 벌어지는 일들을 보고 놀라는 것을 우리는 부끄럽게 여겨야 한다. 만약 의사가 환자가 열이 나는 것을 보고 놀란다든지, 선장이 역풍이 분다고 해서 당황해 한다면 이 얼마나 낯 뜨거운 일인가!

우리들의 눈앞에 펼쳐지는 모든 일들은 봄에 꽃이 피고 여름에 열매가 열리는 것처럼 지극히 정상적이고 예측 가능한 것들이다. 이것은 질병이나 죽음, 중상모략, 그리고 어리석은 사람들을 기쁘게 하거나 괴롭히는 모든 일들에도 동일하게 적용되는 사실이다.

자연의 활동에 익숙한 사람만이
충만한 기쁨을 누린다

자연의 섭리에 대해 민감하고 깊은 통찰력을 가진 사람은 대부분의 사물로부터, 혹은 그 사물에 부수적으로 일어나는 현상에 대해 충만한 기쁨을 누린다. 그런 사람은 사자나 호랑이의 포효하는 입 모양에서도 화가나 조각가의 예술품을 감상하는 듯한 감동을 느낄 것이며, 그의 사려 깊은 눈동자는 젊은 청춘들의 매혹적인 청순미뿐만 아니라 노인들의 원숙미에서도 매력을 찾을 것이다.

이런 형태의 경험들은 모든 사람들에게 매력적으로 다가가는 것은 아니다. 오직 자연과 자연의 활동에 익숙한 사람만이 이런 감동을 느낄 수 있다.

나는 끊임없이 변화를 경험하면서 비로소 존재한다

우주의 본성이 하는 일이란 사물들을 뒤섞고, 바꾸고, 교체하며, 이 상태에서 저 상태로 변화시키는 것이다. 만물은 변화의 과정 속에 있다. 당신은 끊임없이 변화를 경험하고 있으며, 그 변화란 다름 아닌 일종의 분해이다. 당신뿐만 아니라 우주 전체가 다 그렇다.

우리는 변화를 두려워한다. 그러나 과연 변화 없이도 존재할 수 있는 것이 있을까? 자연이 변화보다 더 소중히 여기고 더 적절히 생각하는 것이 또 어디 있겠는가? 장작이 연료로 변화하지 않는데 따뜻한 물로 목욕하는 것이 가능하겠는가? 음식물이 변화를 거부하는데 어떻게 영양을 섭취할 수 있을 것인가?

변화의 과정을 거치지 않고서도 사물이 유용하게 된다는 것은 도무지 불가능한 일이다. 그렇다면 당신에게 일어나는 변화

역시 이와 유사한 것이며, 자연의 섭리가 동일하게 적용되는 문제가 아니겠는가? 예기치 못한 변화무쌍함으로 인해 두려워할 필요는 없다. 왜냐하면 만물을 관장하는 우주의 본성을 우리는 이미 잘 알고 있으며, 사물의 배합 방식 또한 동일한 것이기 때문이다.

이 세상에 정지해 있는 사물은 아무것도 없다

항상 뒤따르는 일들은 선행된 일들과 밀접히 연관되어 있을 뿐, 각각 고립된 채 독자적으로 진행되는 것이 아니다. 따라서 사물은 단순한 결과의 법칙보다는 합리적 연속성을 따르고 있다고 할 수 있다. 게다가 이미 존재하는 모든 것들이 조화롭게 균형을 이루고 있듯이, 앞으로 생성될 모든 것 또한 유기적 연관성 속에서 경이롭게 나타나는 것이다.

"흙이 썩어 물이 되고, 물이 증발해 공기가 되고, 공기로 인해 불이 타오르듯이, 사물은 순환을 계속한다"는 헤라클레이토스의 격언을 항상 명심하라. 시간은 강물과 같아서 모든 피조물들을 끊임없이 흘러가게 한다. 하나의 사물이 나타나는가 하면 이내 곧 과거 속으로 사라져 버리고, 뒤이어 또 다른 사물이 생겨날지라도 그 역시 쉬이 스쳐 지나가 버리고 만다.

아무런 목적 없이 사는 것은
우주의 목적에 어긋난다

우주의 주기는 위아래를 오르내리며 영원부터 영원까지 끊임없는 순환을 계속하고 있다. 우주의 정신이 하는 일이란 각각의 개별적인 사건들이 연속성을 갖도록 하는 것인지도 모른다.

그렇다면 우리는 모든 사건의 결과를 받아들여야 한다. 아니 어쩌면 우주 정신에게는 오직 단 한 번의 본질적 의지 행위만 있었을 뿐, 그 밖의 다른 활동들은 단지 부수적 결과에 지나지 않는지도 모르겠다. 하나의 사건이 다른 사건의 모체가 되는 그런 식으로 말이다. 이를 달리 표현하면 사물들은 각기 별개의 단위들이든지, 아니면 하나의 분리되지 않는 전체라는 것이다.

만약 그 전체가 신이라면 아무 것도 염려할 게 없겠지만, 그것이 어떤 목적도 없는 우연이라 할지라도 당신 역시 아무런 목적 없이 살아서는 안 된다. 머지않아 우리 모두는 대지에 덮이게 될 것이다. 그리고 대지 역시 시간 속에서 변화할 것이다. 이 변화로 인해 생겨난 것들도 결국 끊임없이 변화해갈 것이며, 다시 우주의 목적에 따라 제자리를 찾게 될 것이다.

모든 활동의 적당한 때를 정하는 것은 자연의 몫이다

어떤 일이라도 적절한 순간에 그만둔다면, 그 때문에 피해가 발생하는 일은 없다. 또한 행하는 주체도 그것을 그만둔 것 때문에 해를 입지는 않는다. 우리의 모든 활동의 총체라고 할 수 있는 인생도 마찬가지다. 적절한 때에 정지하면 그 정지 때문에 상처를 남기지 않으며, 일련의 활동을 적시에 마친 사람도 부당하게 해를 당하는 일이 없다. 그러나 그 적당한 시간과 시기를 정하는 것은 자연의 몫이다.

때때로 우리가 늙어가는 문제처럼 인간 자신의 본성에 의해 추진되는 일도 있지만, 일반적으로 대부분의 사건은 자연에 의해 결정된다고 할 수 있다. 자연은 자신에 속한 각각의 부분들을 끊임없이 새롭게 함으로써 우주가 언제나 젊고 활기에 넘치도록 한다. 그래서 이러한 자연의 이치에 따르고 있는 것들은 무엇이든지 항상 아름답고 활짝 핀 상태를 유지하게 되는 것이다.

따라서 인간의 죽음 역시 악은 아니다. 왜냐하면 그것은 인간의 의지와는 전혀 상관이 없으며, 또한 공익의 문제와 관련된 사항도 아니기 때문이다. 죽음을 수치스럽거나 힘겹게 생각할 이유는 전혀 없다. 오히려 우주의 질서와 유지를 위해서는 시의 적절한 것이다.

2

Marcus Aurelius Antoninus

내일부터의 인생을
특별 보너스라고
여겨라

어떤 존재라 할지라도
죽는다는 데는 예외가 없다

에픽테토스가 말하기를, "당신이 자녀와 입맞춤을 하는 순간에도 마음속으로 '어쩌면 너는 내일 죽을지도 모른다'고 생각하라"라고 했다. 사람들이 너무 불길한 말씀이라고 투덜거리자 그는 이렇게 답했다. "그것은 전혀 불길한 말이 아니다. 단지 자연의 한 행위를 묘사했을 뿐이다. 이것이 불길하다면 잘 익은 옥수수를 수확한다는 것도 불길한 일이 아니겠는가!"

죽음이란 출생과 마찬가지로 자연의 신비 중의 하나이다. 출생할 때 결합되었던 요소들이 해체되면서 죽음에 이르게 된다. 따라서 죽음은 전혀 수치스러운 일이 아니다. 어떤 존재라 할지라도 죽음은 예외가 될 수 없고, 결코 창조의 섭리에 반하는 것도 아니다.

생이 마치 천 년이나
남아 있는 것처럼 살지 마라

모든 사람의 실체는 썩어 없어지도록 예정되어 있다. 물과 흙과 뼈와 악취로 썩을 것이다. 우리가 귀하게 여기는 대리석은 땅이 응고된 것이며, 우리들이 갖고 있는 금과 은도 땅의 침전물에 불과하다. 우리의 옷은 한 줌의 털로 짠 것이고, 자색 빛깔도 물고기의 피에서 나온 것이며, 다른 모든 사물들도 다 이런 식이다.

우리들 생명의 호흡 역시 예외가 아니어서 이것에서 저것으로 변화한다. 당신의 생이 마치 천 년이나 남아 있는 것처럼 살지마라. 죽음은 늘 당신의 눈앞에 다가와 있다. 그러므로 생명의 힘이 남아 있을 때 선한 일을 하는 데 힘써라.

내게 죽음의 순간이
언제 닥칠지 전혀 개의치 마라

만약 신이 당신에게 나타나 "내일이나 모레쯤 네 생명을 거두어갈 것이다"라고 말했다 치자. 당신이 아주 비굴한 사람이 아닌 이상, 제발 내일 데려가지 말고 꼭 모레 데려가 달라고 애걸복걸하지는 않을 것이다. 도대체 내일과 모레 사이에 얼마나 큰 차이가 있는가? 마찬가지로 마지막 죽음의 순간이 내일 닥칠지, 혹은 수년이나 수십 년 후에 닥칠지 개의치 마라.

잠시 후면 당신의 눈앞에 펼쳐진 모든 것들이 사라지게 될 것이다. 그 사라져가는 것을 바라본 사람들도 머지않아 같은 길을 가게 될 것이다. 당신은 아주 오랜 장수를 누리고 죽는 노인이나 요람에서 죽는 아기 사이에 얼마나 큰 차이가 있다고 생각하는가?

내가 세상에 머문 시간이
긴들 짧은들 아무 차이가 없다

당신이 3천 년, 혹은 3만 년을 산다고 할지라도 사람은 누구든지 그가 살아가고 있는 현재의 삶 이외에는 어떤 것도 잃지 않으며, 또한 그가 소유한 것도 오직 상실해가고 있는 현재의 삶밖에 없다는 사실을 기억해야 한다.

장수를 누리는 삶이나 단명한 삶이나 결국은 마찬가지일 뿐이다. 왜냐하면 현재라고 하는 시간은 존재하는 모든 사람들이 똑같이 소유하고 있는 것이지만, 한번 지나가 버린 시간은 더 이상 우리의 소유가 될 수 없기 때문이다. 우리가 잃게 되는 것은 덧없이 지나가는 순간뿐이다. 아무도 이미 지나가 버린 과거나 아직 닥치지 않은 미래를 잃을 수는 없다. 어떻게 소유하지도 않은 것을 잃었다고 할 수 있겠는가?

우리는 언제나 두 가지 사실을 명심해야 한다. 첫째, 만물은 태초부터 반복되는 형태를 가지고 주기를 거듭해왔다. 그래서 이 동일한 광경을 당신이 백 년, 이백 년, 아니 영원히 관조한다 할지라도 달라질 것은 없다. 둘째, 아주 오래 살다 죽은 사람이나 아주 일찍 요절한 사람이나, 그들이 잃게 되는 것은 정확하게 같다. 두 사람 다 오직 공통적으로 소유하고 있던 '현재'라는 것만을 잃을 뿐, 그가 소유할 수 없는 그 밖의 것은 잃을 수도 없다.

죽음 그 자체가 더이상
공포의 대상이 될 수 없다

행동이나 충동, 판단이 정지하는 것은 잠깐 멈춰 선 것이고, 일종의 죽음이라고 할 수는 있겠지만 악이라고 말할 수는 없다. 당신의 성장 단계를 회고해보라. 유년기·소년기·청년기·장년기 등 각 단계의 변화는 일종의 죽음인 셈인데, 그 변화에 어떤 두려움이 있었단 말인가?

이번에는 당신이 할아버지 밑에서 살았던 시절을 회상해보고, 그 후에 아버지·어머니 밑에서 지냈던 삶을 생각해보라. 그 시절들 속에서 수많은 차이점과 변화와 단절들을 찾아보게 될 것이다.

이제 스스로에게 물어보라. '그러한 것들이 과연 두려운 것이었나?' 별로 두렵지 않았다면 마찬가지로 인생 그 자체의 정지, 중단, 변화 또한 두려워할 것이 못 되는 것이다. 손에 무엇을 쥐고 있든지 매번 잠깐 멈춰 서서 이렇게 자문해보라. '내가 죽음을 두려워하는 것은 이것을 잃게 된다는 생각 때문은 아닌가?'

그때그때 자신에게 일어나는 일들을 유일한 선으로 받아들이고, 올바른 이성에 따르기만 한다면 성취한 일들이 많든 적든 상관없다. 세상에 머문 시간이 길든 짧든 문제를 삼지 않는 사람에게는 죽음 그 자체가 더 이상 공포의 대상이 될 수 없다.

사람들의 선의와 사랑을 간직한 채 죽음에 임하라

누군가 임종의 순간을 맞이할 때 곁에 둘러선 사람들 가운데 그의 죽음을 기뻐하는 사람이 없다면 세상에 그처럼 복된 사람도 없을 것이다. 아무리 도덕군자나 현자의 죽음이라 할지라도 "마침내 스승님으로부터 벗어나 자유를 찾게 되었구나. 그는 심하게 야단치는 분은 아니었지만 나는 그가 말없이 얼마나 우리를 무시하는지 진작부터 느끼고 있었는걸"이라고 속으로 쾌재를 부를 사람이 어디 단 한 사람도 없겠는가? 도덕군자의 최후가 이러할진대 우리 같은 사람들은 얼마나 많은 친구들이 우리의 죽음을 반기며, 사실 그럴 만한 이유는 또 얼마나 많겠는가!

당신이 죽게 될 때는 이렇게 생각하라. '내가 힘이 되어주고, 기도해주고, 염려해준 친구들조차도 나의 죽음으로 인해 자기들에게 돌아올 조그만 이익을 기대하며 내가 어서 죽기를 바라는 그런 세상을 나는 지금 떠나게 되었다. 세상이 이렇게 삭막한데, 이런 세상에 미련을 갖는 사람들은 도대체 어떤 사람들일까?'

이런 생각을 하면 당신은 보다 편안한 마음으로 세상을 떠나게 될 것이다. 그렇다고 해서 그들에게 서운한 감정을 가지고 떠나가라는 말은 아니다. 당신에게 친숙한 이전의 우정과 선의와 사랑은 끝까지 간직해야 한다. 그리고 죽음이 갑자기 목을 비트는 것처럼 느끼지 말고, 영혼이 육체로부터 쉽게 빠져나올 수 있도록 평온한 가운데 임종을 맞아라.

예전에 자연은 당신을 그들과 인연 맺게 해주었고, 그래서 당신은 그들에게 속했는데, 이제 자연은 그 끈을 끊으려 한다. 그럴 때는 이렇게 말하라. "나는 나의 친족들로부터 놓여질 것이다. 그러나 아무런 저항도, 어떠한 강요도 없이 나의 길을 가련다."

죽는다고 해서 내 생명이
완전히 끝나는 게 아니다

죽는다고 해서 우주 밖으로 떨어져 나가는 것은 아니다. 여전히 이 세상에 머물면서 변화를 거치고, 많은 분자들로 해체될 뿐이다. 그래서 다시 우주와 당신을 형성하는 구성 요소가 되는 것이다. 이처럼 요소들은 변화에 변화를 거듭하지만 결코 불평하는 법이 없다.

이제 곧 당신은 아무 것도 아닌 존재가 되고, 당신의 눈에 보이는 모든 사물들도 현재 생존해 있는 모든 사람들과 함께 또한 그렇게 될 것이다. 만물은 이렇게 변화하고 사라지고 소멸되기 위해 태어나고, 그들의 빈자리를 또 다른 것들이 채워가게 될 것이다.

죽음을 두려워하는 사람은 모든 감각이 사라지는 것을 두려워하든지, 아니면 새로운 감각을 갖게 되는 것을 두려워하든지 둘 중 하나이다. 실제로 당신의 모든 감각이 사라져 아무 것도 느낄 수 없게 된다 해도, 당신에게 해로울 일이 무엇이겠는가? 그렇지만 만약 죽음이 새로운 감각을 갖게 하는 것이라면, 당신은 새로운 존재가 되는 것이고, 따라서 당신의 생명도 끝나는 것이 아니다.

사려 깊은 사람은
오히려 죽음을 미소로 맞이한다

죽음을 경멸하지 마라. 오히려 죽음에 대해 미소를 짓자. 죽음도 자연이 계획하는 것 중의 하나이다. 청년이 되고 장년이 되는 것, 자라고 성숙하는 것, 이가 나고 수염이 자라고 백발이 성성해지는 것, 임신하고 출산하는 것, 그 밖에 인생의 계절이 우리에게 가져다주는 다른 모든 자연의 흐름처럼 죽음 또한 우리가 해체되는 자연스러운 일이다.

사려 깊은 사람은 죽음을 경시하거나 초조해 하거나 멸시하지 않고, 다만 그것을 자연의 또 다른 과정으로 이해하고 가만히 기다릴 것이다. 당신이 아내의 뱃속에서 아기가 태어나기를 기다리는 것 같은 심정으로 가련한 영혼이 그 껍질로부터 빠져나오는 그 순간을 기다려라.

그렇지만 당신의 마음이 만약 소박한 위안이라도 받길 원한다면, 죽음에 직면했을 때 당신이 떠나게 될 주위 사물의 속성들과 이제 더 이상 씨름할 필요가 없게 된 인물들을 생각해보라. 그 이상 더 좋은 위로는 없을 것이다. 그렇다고 그들에게 분을 품으라는 뜻은 아니다. 당신은 최후의 순간까지 그들을 사랑하고 부드럽게 용납해야 한다.

당신은 지금, 당신과 아주 다른 원칙을 가지고 살았던 사람들을 떠나려 하고 있다는 사실을 결코 잊지 마라. 우리에게 혹시라도 삶에 미련을 갖게 하는 것이 있다면, 그것은 아마 우리와 유사한 정신을 가진 사람들과 교제하는 경우일 것이다. 하지만 당신은 사람들과 하나가 되지 못하고 산다는 것이 얼마나 진저리 나는 일인가를 잘 알고 있다. 그래서 당신은 이렇게 외칠 것이다. "죽음이여, 어서 오라. 나까지도 인생의 본분을 망각하는 일이 없도록!"

내일부터의 인생을 특별 보너스라고 여겨라

나는 목숨이 다할 그 순간까지 자연의 길을 따라가리라

의사들은 질병으로 고통스러워하는 환자들을 눈살을 찌푸리며 내려다보았고, 점성가들은 아주 근엄하게 고객들의 운명을 점쳤지만, 그들 역시 모두 죽고 말았다. 죽음과 불멸에 대해 끊임없이 장황한 설명을 늘어놓았던 철학자들도 죽었고, 수많은 생명을 빼앗아간 잔인한 정복자들도 죽었다. 마치 자신들은 영원히 죽지 않을 신이나 된 것처럼 오만방자하게 다른 사람의 생사를 손에 쥐고 절대 권력을 휘둘렀던 전제 군주들도 죽었다.

또한 당신이 알고 지냈던 사람들의 죽음을 하나하나 회상해보라. 한 사람이 죽으면 다른 사람이 장사를 지내고, 그 장사한 사람도 후에는 땅에 묻혀 또 다른 사람이 장사를 지낸다. 이 모든 일들이 순식간에 벌어진다. 그러니 유한한 인생이란 얼마나 덧없고 허무한가!

어제는 한 방울의 정액이었던 것이, 내일에는 한 줌의 재로 변한다. 그러므로 이 세상에서의 덧없는 세월을 자연의 섭리에 따라 순응하며 살라. 저 잘 익은 올리브 열매 하나가 자신의 생명을 낳아준 나무에 감사하고 자신을 길러준 대지를 축복하면서 땅에 떨어지듯이, 평안히 당신의 여생을 마치도록 하라.

나는 목숨이 다해 안식을 누리게 될 그 순간까지 자연의 길을 따라가리라. 날마다 숨 쉬던 공기 속에 나의 마지막 호흡을 되돌려주고, 내 아버지의 씨와 어머니의 피와 유모의 젖이 유래되었던 대지의 품에 나는 묻히게 될 것이다. 대지는 그렇게 오랜 세월 동안 나에게 일용할 양식과 음료를 제공해주었고, 나의 발자국과, 심지어는 여러 가지 이유로 오용했던 나의 과실까지 받아주었다.

세상과의 작별에 그 어떤
주저함도 없는 삶을 살라

인간의 육체와 생기와 정신은 무엇인가? 육체는 감각을 위한 것이고, 생기는 행동의 원천이며, 정신은 원칙을 위한 것이다. 감각의 능력은 마구간의 소에게도 있고, 충동에 이끌려 살아가는 모습은 야수에게서나 독재자에게서도 찾아볼 수 있다. 삶의 바른 길을 일깨워주는 인간의 정신 역시 신을 부정하는 자나, 조국을 배신한 자, 혹은 문을 걸어 잠그고 온갖 악한 행동을 일삼는 자들에게서도 똑같이 발견된다.

그래서 인간이라면 누구나 공통된 형태를 물려받았다고 할수 있지만, 선한 사람에게는 그만의 독특한 특성이 있는 것 또한 사실이다. 이는 자신에게 예정된 운명이 가져다주는 모든 경험을 기꺼이 받아들이고 사랑하는 것이다.

선한 사람은 자신의 가슴속에 자리잡고 있는 신성이 더럽혀

지거나 난잡한 상념으로 어지럽게 되는 것을 거부한다. 그는 자신의 신성이 깨끗하게 보존되도록 애쓰며, 진리만을 말하고, 정의로운 행동만을 하기로 다짐함으로써 내면의 신에게 예의 바른 복종을 다하고자 한다.

비록 모든 사람들이 그의 소박하고 겸손하며 기쁨이 넘치는 삶을 믿지 않는다고 할지라도 그는 아무에게도 분을 품지 않으며, 자신의 생이 다할 때까지 궁극적 목표에서 벗어나지 않고 본분을 지키며 순결하고 평화로이 목적지에 다다른다. 그리고 세상과의 작별에 주저함 없이 운명이 정해준 수명과 완벽한 조화를 이룬다.

내일부터의 인생을
특별 보너스라 여기면서 살아라

모든 존재하는 사물이나 혹은 이후에 생겨나게 될 사물조차
도 얼마나 빨리 우리를 스쳐 지나가며 사라져 버리는지를 거듭
생각하라. 모든 존재는 끊임없이 흐르는 강물과 같아서 멈춤이
없고, 그 활동은 영원토록 변화를 거듭하며, 그 원인 또한 무한
히 바뀌어간다. 결국 이 세상에 정지해 있는 사물은 아무 것도
없다.

바로 우리 곁에는 무한한 과거와 미래가 위용을 자랑하고,
모든 사물은 깊은 영원의 심연 속으로 자취를 감춘다. 이런 상
황 속에서도 인생의 시간이 마치 영원한 것처럼 갈망하고, 노
여워하며, 안달하는 인간은 얼마나 어리석은가! 자신의 체중이
300파운드에 채 미치지 못한다고 해서 애통해 할 사람은 아무
도 없을 것이다. 그런데 왜 사람들은 자신의 수명이 더 오래 주
어지지 않는다고 안달인가? 당신에게 주어진 체중에 만족하는

것처럼 당신의 수명에도 만족하라.

　오늘 나에게 임종의 순간이 다가와 생을 마감하게 되었다고 간주하라. 그러면 앞으로 주어질 시간들은 계약서에도 없는 특별 보너스처럼 느껴지게 될 것이다. 그 보너스를 가지고 자연에 순응하며 살아라.

살아생전의 명성은
신기루마냥 헛된 일에 불과하다

기억하는 사람이든 기억되는 사람이든, 우리 모두는 하루살이 인생들이다. 머지않아 당신은 앙상한 뼈만을 드러낸 채 한줌의 재로 변할 것이다. 남는 것은 당신의 이름뿐, 아니 그 이름마저 쉬이 사라지게 될 것이다. 이름이란 단지 공허한 메아리에 불과하다. 사람들이 이생에서 소중하게 생각하는 일들은 모두 헛되고, 부패하고, 쓰레기와 같은 것이다.

인간은 서로를 물어뜯는 강아지와 같고, 환하게 웃다가도 금방 토라져 싸우고 울음을 터뜨리는 어린아이와 같다. 신뢰와 겸양과 정의와 진리는 '광활한 대지에서 올림푸스 산꼭대기로' 사라져 버린다. 그럼에도 아직 그대를 이 지상에 머물게 하는 것은 무엇인가?

감각의 대상은 변덕스럽고 순간적인 것들이며, 감각 기관들도 둔해서 속아 넘어가기 십상이다. 가련한 영혼도 피로부터 발산되는 증기에 불과할진대, 세상의 명성 또한 헛된 일이 아닐 수 없다. 그러므로 죽음이 영원한 소멸이든지, 아니면 새로운 상태로의 이동이든지, 마음을 가다듬고 평안히 종말을 기다려라.

사후의 평가에 집착하는 인생은
너무나도 덧없다

인간은 세월의 현재라는 순간 속에서만 살아간다. 그 밖의 나머지 인생은 과거 속으로 사라져 버렸거나 아니면 아직 다가오지 않았다. 유한한 인생이란 이렇게 미미한 것이며, 단지 지구의 작은 모퉁이를 살아갈 따름이다. 그토록 뜨거운 찬사를 받고 명성을 누리던 수많은 사람들이 지금 싸늘한 망각의 늪에 묻히고 만 것이 그 언제던가! 그 찬사를 보낸 이들 역시 우리의 눈앞에서 사라진지 얼마나 오래던가!

가장 오랫동안 남는다는 사후의 명성 또한 사소한 것이다. 비록 그것이 신속하게 사라질 가련한 인생들에 의해 전해진다 하더라도, 그들은 자기 자신의 일조차 깨닫지 못하는 사람들인데 어찌 오래 전에 죽은 사람의 일을 기억할 수 있을까. 사후의 명성에 집착해 번뇌하는 사람은 자신을 기억하는 모든 사람들 역시 곧 죽음을 맞이하게 된다는 사실을 깨닫지 못하는 자이다. 활활 타올랐다가 이내 사그라져 버리는 불씨처럼, 시간의 흐름 속에서 기억의 마지막 불꽃도 결국에는 소멸되고 만다.

설사 당신을 기억하는 사람들이 영원히 죽지 않는다든지, 그들의 기억이 영원히 지속된다고 할지라도 그것이 당신에게 무슨 의미가 있겠는가? 무덤 속에 있는 당신에게 명성 따위는 분명 아무 것도 아니다. 심지어 당신의 살아생전에조차 약간의 도움을 주는 경우를 제외한다면 사람들의 칭송이 가져다주는 것이 도대체 무엇인가? 장차 사람들이 나를 어떻게 평가할 것인가에 집착하고 있다면, 확실히 당신은 자연이 오늘 당신에게 베푼 은혜를 거절하면서 허송세월하고 있는 것이다.

3

Marcus Aurelius Antoninus

내 영혼 속보다
더 조용하고
평온한 곳은 없다

내면의 움직임에
끊임없이 주의를 기울여라

사람이 다른 사람의 마음속 생각에 대해 무관심하다고 해서 불행해지는 것은 아니다. 그러나 자신의 마음속 움직임에 대해 주의를 기울이지 않는 사람은 반드시 불행해진다. 자신의 내면을 파보라. 거기서 선의 샘을 발견하게 될 것이다. 계속 파보라. 그러면 그 샘물이 흘러넘치게 될 것이다.

오늘 나는 온갖 번뇌로부터 벗어나게 되었다. 아니, 내 자신 속에 있는 온갖 번뇌를 몰아냈다고 하는 것이 옳겠다. 왜냐하면 번뇌라는 것은 밖에 있는 것이 아니라 안에 존재하는 것으로, 바로 내 사고 안에 있는 것이기 때문이다.

내 영혼 속보다 더 조용하고
평온한 은신처는 없다

사람들은 때로 시골이나 바닷가, 혹은 깊은 산중에 묻혀 살기를 바란다. 당신 역시 이런 꿈을 꿀 때가 많을 것이다. 그러나 그런 공상은 부질없는 짓이다. 왜냐하면 언제든지 원하기만 하면 자기 자신의 내면의 세계로 피할 수 있기 때문이다. 이 세상에 자신의 영혼 속보다 더 조용하고 평온한 은신처는 없다. 자신의 내면에 이러한 자원을 가지고 있는 사람은 필요할 때마다 명상을 통해 즉시 마음의 평온을 유지할 수 있을 것이다.

여기서 마음의 평온이란 잘 정돈된 정신이라고 할 수 있다. 내면세계로의 은신을 자주 활용해 계속해서 자신을 새롭게 하라. 삶의 원칙은 간결하되 기본적인 내용을 포괄할 수 있어야 한다. 그 원칙을 상기하는 것만으로도 모든 번민은 쉽게 사라질 것이며, 당신은 별다른 동요 없이 일상의 직무로 되돌아갈 수 있을 것이다.

힘들고 괴로울수록 자아라는 작은 영역으로 물러서라

당신을 어지럽히는 것은 무엇인가? 인간들의 사악함인가? 그렇다면 이성을 가진 모든 존재는 서로를 위해 창조되었다는 원리를 기억하라. 인내는 정의의 일부이며, 인간은 일부러 악행을 일삼지는 않는다. 사람들이 가졌던 그 수많은 증오, 의심, 원한, 갈등들을 생각해보라. 그것들은 지금 그 사람들과 함께 먼지와 재가 되어 완전히 사라져 버리지 않았는가.

우주로부터 부여받은 당신의 운명 때문에 불만인가? 그렇다면 다시 한 번 '지혜로운 섭리가 아니면 세상은 요지경 속이 될 것이다'는 진리를 상기하라. 이 세상은 마치 하나의 국가와 같다는 사실을 많은 증거들이 밝혀주고 있다는 것을 생각하라. 육체의 질병이 당신을 괴롭게 하는가? 그렇다면 정신은 반드시 육체로부터 분리되어 자신의 위력을 발휘한다는 사실과, 육체의 호흡이 편안하든지 거칠든지 정신과는 아무런 상관이 없음

내 영혼 속보다 더 조용하고 평온한 곳은 없다

을 되새겨라. 요컨대 그동안 당신이 고통과 쾌락에 대해 배우고 익힌 모든 것을 상기하라.

거품 같은 명성 때문에 괴로워하는가? 그렇다면 모든 것이 당신의 눈앞에서 얼마나 빨리 잊혀지는지, 또한 우리의 전후에 영원의 심연이 둘러싸고 있음을 기억하라. 갈채의 메아리는 얼마나 공허하고, 찬양하는 자들의 판단은 얼마나 변덕스러우며, 인간의 무대는 얼마나 협소한가.

이 세계는 단지 하나의 점에 불과하며, 우리 자신의 거주지는 그 안의 미세한 모퉁이에 지나지 않는다. 거기에 당신을 칭찬하는 사람들이 있다면 얼마나 있겠으며, 또한 그들은 얼마나 허무한 존재들인가? 그러므로 이제부터는 자아라는 작은 영역으로 물러설 줄 알아야 한다. 무엇보다도 지나치게 씨름하거나 긴

장하지 말고 자기 자신의 주인이 될 것이며, 남자답게 여자답게 인간답게, 그리고 언젠가는 죽어야 할 유한한 존재답게 인생을 바라보라.

많은 진리들 가운데 다음 두 가지만큼은 언제나 깊이 묵상하라. 첫째, 외적인 사물은 인간의 정신에까지 효력을 미치는 것은 아니므로, 마음의 동요는 오직 내면의 관념으로부터 오는 것이다. 둘째, 지금 당신의 눈앞에 보이는 모든 사물은 순식간에 변화하며 결국은 사라져 버리고 만다. 그 끊임없는 변화들 속에 당신 역시 한 부분임을 기억하라.

어떤 본성이 나를 인도하는가에
내 시선을 집중시켜라

다른 사람을 지배하는 본능이 무엇인가를 찾으려고 두리번거리지 말고, 어떤 본성이 자신을 인도하는가에 당신의 시선을 집중시켜라. 우주의 본성은 당신에게 벌어지는 일들을 통해 나타나고, 당신의 본성은 당신이 감당해야 할 의무를 통해 나타난다.

인간은 누구나 자신의 본성에 적합하게 행동해야 한다. 인간 이외의 다른 피조물들은 이성적 존재인 인간을 섬기도록 창조되었다. 이러한 사실은 '열등한 존재는 우수한 존재를 위해 있다'는 일반법과도 일치한다. 이성적 존재인 인간은 서로를 섬기기 위해 창조되었다. 그러므로 인간의 본질을 이루는 첫 번째 특징은 사회에 대한 책임감이다.

두 번째 특징은 육체적인 정욕을 물리치는 것이다. 이성과 지성이 수행해야 할 특별한 임무는 방어벽을 치고서 감각적이거나 충동적인 것들로 인해 압도당하지 않도록 하는 일이다. 감각이나 충동에 이끌리는 행동은 가히 동물적이다. 그러나 정신은 언제나 최고의 자리를 요구하며, 다른 어떤 것에도 굴복되지 않는다. 이것은 지극히 당연한 일이다. 왜냐하면 자연은 정신이 다른 모든 것을 사용할 수 있는 권한을 부여했기 때문이다.

마지막 세 번째 특징은 이성적 존재의 본질이 오류와 기만에서 벗어나 있다는 점이다. 그대의 선장인 이성으로 하여금 이 세 가지 원칙을 굳게 붙들고 똑바로 나아가게 하라. 그러면 당신의 이성은 자신의 능력을 마음껏 발휘하게 될 것이다.

나를 지배하는 이성이
내게 어떤 의미가 있는지 알아내라

나를 지배하는 이성은 과연 나에게 어떤 의미가 있는가? 지금 이 순간 나는 그것을 어디에 사용하고 있는가? 또 무슨 목적으로 사용하고 있는가? 이해력이 결핍되어 있지는 않은가? 사회로부터 동떨어져서 격리되어 있지는 않은가? 육체 속에 녹아내리고 혼합되어 육체의 의지와 욕망에 따라 움직이고 있지는 않은가?

만일 당신이 근본적인 가르침으로 되돌아가 이성을 숭배한다면, 당신을 짐승이나 원숭이처럼 여기는 사람들도 일주일이 못 가서 당신을 신처럼 받들게 될 것이다.

이성 이외의 다른 어떤 것에도 예속되어서는 안 된다

나라는 존재는 무엇인가? 가련한 육체와 한줄기 숨결, 그리고 이것들을 지배하는 이성의 복합체이다. 이 외에 지식은 나를 구성하는 요소가 될 수 없다. 더 이상 지식을 탐하지 말고 그냥 잊어버려라. 육체에 관해서는 마치 임종의 순간을 맞이한 사람처럼 초연한 자세를 가져라. 육체는 피와 뼈, 동맥과 정맥, 신경 등이 뒤엉켜 있는 것에 불과하다. 숨이란 또 무엇인가? 그 역시 공기의 한 순환에 불과해 매 순간 숨 쉴 때마다 계속해서 새로운 공기를 들이마시고 있을 뿐이다.

그러나 인간의 이성에 대해서는 깊은 관심을 가질 필요가 있다. 이성은 인간을 지배하는 실질적 주인이다. 다른 어떤 것에도 예속되어서는 안 된다. 사리사욕에 사로잡혀 이성을 춤추는 꼭두각시가 되게 하지 마라. 오늘의 일에는 불평하고, 내일의 일에는 불안해하면서 주어진 운명을 한탄하는 것을 삼가라.

타인의 가식적인 찬사에
영혼이 병들게 하지 마라

발산 작용을 하는 것을 대단하게 여기지 마라. 식물도 그런 작용을 한다. 호흡은 대단한 것이 아니다. 야생 동물이나 가축도 호흡을 한다. 감각 기관에 의한 지각활동도, 충동을 느끼게 하는 자극도, 무리를 이루고자 하는 본능도, 또한 영양을 섭취하는 과정도 별것이 아니다. 사실 영양 섭취라는 것도 따지고 보면 배설의 과정과 다를 바 없다.

그렇다면 우리는 무엇을 가치 있게 생각해야 하나? 사람들의 박수갈채인가? 아니다. 통속적인 찬사인가? 그것도 아니다. 찬사란 사람들이 혓바닥으로 치는 박수갈채에 지나지 않는다. 명예에 현혹되는 것을 제거해 버렸을 때, 당신에게 남아 있는 가치 있는 일이란 무엇인가? 그것은 행동에 있어서든 생각에 있어서든 마찬가지로 자기 본성의 체질에 맞게 사는 것이다. 결국 그것이야말로 모든 훈련과 단련의 목적인 것이다. 왜냐하면 모든 장인이 목표로 하는 것은 그가 만든 작품이 그 본래의 목적에 따라 잘 순응되도록 하는 것이기 때문이다.

포도나무를 재배하는 농부도, 말을 길들이는 마부도, 사냥개를 훈련시키는 사육사도, 모두가 이런 목적을 가지고 있다. 사람을 교육하는 가정교사나 스승들의 교육 지침도 동일한 목적을 지향한다. 따라서 바로 여기에 우리들이 추구해야 할 가치가 있다. 만약 당신이 이러한 가치를 진정한 당신의 것으로 만든다면, 그 어떤 다른 목표도 당신을 유혹하지는 못할 것이다.

그 밖의 다른 야망들은 그만 포기하라. 그렇지 않으면 당신은 결코 자기 자신의 주인이 되지 못할 것이며, 다른 사람으로부터도, 혹은 자신의 욕망으로부터도 결코 자유롭지 못할 것이다. 왜냐하면 욕망을 버리지 않는 한 당신은 자신의 욕망을 빼앗는 자들을 시기하고 질투하고 혐오하게 될 것이며, 당신이 갈망하는 보물을 차지하게 된 자들에 대해서는 온갖 모략을 그치지 않을 것이기 때문이다. 확신하건대 욕망에 사로잡혀 사는 사람들은 필연적으로 깊은 혼란 속에 빠져들 것이며, 신에게조차 불평을 늘어놓을 것이다.

그렇지만 자기 자신의 이성을 존중하고 귀하게 여기는 사람은 스스로 마음속 평안을 누리며, 사람들과도 평화로운 관계를 유지할 것이다. 또한 신이 자신에게 어떠한 운명을 부여하고 예정했든지, 그 뜻을 기쁘게 받아들이고 순응함으로써 신과 조화를 이루며 살게 될 것이다.

내 인생의 동력 장치는
육체가 아닌 내면에 숨겨져 있다

우리의 삶을 조종하는 것은 우리 내면 깊숙이 숨겨져 있는 신비한 힘이라는 사실을 기억하라. 거기에는 설득하는 소리도, 생명도 담겨져 있어 그것이 곧 그 사람이라고까지 말할 수 있다. 그러나 그것을 둘러싸고 있는 육체나, 육체에 붙어 있는 다른 기관들을 결코 그 내면의 힘과 혼돈하여 생각해서는 안 된다.

육체의 여러 기관들은 마치 목수의 손에 들려 있는 도끼처럼 그저 사용하는 도구에 불과하다. 다른 점이 있다면 단지 몸에 붙어서 자라난다는 것뿐이다. 이런 것들은 모두 자신을 움직이게 하고 멈추게 하는 동력 장치가 없으면 아무런 소용이 없게 된다. 마치 방직공이 없는 베틀이나 작가가 없는 펜, 혹은 마부가 없는 채찍과도 같다.

내 영혼 속보다 더 조용하고 평온한 곳은 없다

외부적인 원인에 의해
일어나는 일들에 동요되지 마라

하루하루가 마지막 날인 것처럼 살아라. 절대로 화를 내지 말고, 몰인정하지 않으며, 자기를 과시하지 않는 것. 이것이야말로 완전한 인격에 도달하는 길이다.

외부적인 원인에 의해 일어나는 일들에 대해 마음이 동요되지 말고, 내부적인 원인에 의해 발생하는 일들에 대해 바르고 공정하게 행동하라. 당신의 의지와 행위가 모두 사회적 규범과 본성의 법칙을 따르도록 하라.

내 영혼의 능력을 어디에
사용하고 있는지 자문하라

'나는 지금 영혼의 능력을 어디에 사용하고 있는가?' 모든 행동에 있어 이렇게 질문하면서 자신을 살펴보라. 또한 이렇게도 물어보라.

'이른바 인간을 지배하는 부분이라고 하는 이성의 영역에 나는 무엇을 담고 있으며, 지금 누구의 영혼이 나를 차지하고 있는가? 어린이의 영혼인가? 소년의 영혼인가? 여인의 영혼인가? 폭군의 영혼인가? 우둔한 가축의 영혼인가? 아니면 야수의 영혼인가?'

인생의 참된 기쁨은
자연이 준 본분을 다하는 데 있다

진실로 겸손하고 교양을 갖춘 사람은 모든 사물을 생성하고 소멸시키는 자연에게 이렇게 외칠 것이다. "당신이 원하는 것을 주고, 당신이 원하는 것을 거두어가소서!" 그러나 오만함으로써가 아니라, 오직 순수한 복종과 선의의 뜻으로 말하라.

인간의 참된 기쁨은 자기의 본분을 다하는 데 있다. 인간에게 주어진 본분이란 주위의 사람들에게 덕을 베풀고, 감각적인 충동을 잘 다스리며, 사물의 외형과 실체를 구분하는 것뿐만 아니라, 우주적 자연과 그 활동에 대한 탐구를 끊임없이 지속해 나가는 것이다.

행동을 할 때 그 목적에 대해 자문하는 습관을 들여라

스스로 설 것인가, 아니면 남에게 기대어 설 것인가? 날마다 자신에게 일어나는 일들을 경건하게 받아들이고, 날마다 만나는 사람들에게 바르게 행동하며, 날마다 여과되지 않은 그 어떤 생각도 품지 않도록 세심한 주의를 기울이는 것은 언제 어디서나 당신의 능력으로 할 수 있는 일들이다.

모든 행동에 있어서 그것이 누구에 의해 행해지든, '이것을 하는 목적이 무엇인가?'라고 질문하는 습관을 들여라. 그러나 이 질문을 누구보다도 먼저 자기 자신에게 하라. 당신이 직면한 문제, 그것이 의견이든 행동이든 원리든 혹은 말이든, 오직 그것에만 온 신경을 집중하라. 당신이 이런 일들로 인해 힘들어하는 것은 어쩌면 당연하다. 왜냐하면 당신은 오늘보다 내일 더 선해지기를 바라고 있기 때문이다.

내 영혼 속보다 더 조용하고 평온한 곳은 없다

자연은 나의 정신과 몸을
뒤엉키게 섞어 놓지 않았다

건강한 눈은 눈에 보이는 모든 것을 본다. 만약 눈이 초록색 이외에 다른 색깔은 받아들이지 않으려고 한다면 이는 분명 색맹인 눈이라고 해야 마땅할 것이다. 청각도, 후각도 마찬가지다. 이상이 없다면 모든 종류의 소리와 냄새를 지각할 수 있어야 한다. 건강한 위 또한 마치 맷돌이 무슨 곡식이든지 빻을 준비가 되어 있는 것처럼 어떤 종류의 고기라도 소화해 낼 수 있어야 한다.

이처럼 건강한 정신은 벌어지는 모든 일들을 기꺼이 받아들여야만 한다. "오 하나님, 내 아이만은 살려주십시오!"라고 한다든지, 혹은 "나의 모든 행동을 세상이 칭송하게 하소서!"라고 부르짖는 정신이 있다면, 이는 초록색만을 고집하는 눈이나 부드러운 것만을 소화하려고 하는 위와 전혀 다를 바가 없을 것이다.

자연은 정신과 몸을 결코 뒤엉키게 섞어 놓지 않는다. 그것은 정신으로 하여금 자기 영역을 구축하여 잘 다스리게 하기 위해서이다. 우리가 미처 몰라서 그렇지, 분명 정신은 신처럼 완벽한 경지에 다다를 수 있다.

이와 같은 사실을 언제나 명심하고, 행복한 삶에 필요한 요소들도 매우 적다는 것 또한 기억하라. 철학과 과학에 통달하지는 못했다 할지라도, 그 때문에 낙심해 자유와 자긍심, 이타심, 신의 뜻에 순종하려는 마음까지 저버릴 하등의 이유는 없는 것이다.

4

Marcus Aurelius Antoninus

인생의 길에서
내 영혼이
비틀거리게 하지 마라

나에겐 어떤 어려움이라도
극복할 힘이 있다

|

견딜 수 없는 일들이 사람에게 일어나는 법은 결코 없다. 마찬가지로 소나 포도나무나 돌들에게도 각각 그 자신의 본성에 걸맞는 일들만 일어나는 것이다. 이처럼 모든 사물은 자신에게 일상적이고 자연스러운 일들만 경험하게 되는데, 어찌하여 당신은 불평하는가? 우주의 본성은 결코 당신이 견딜 수 없는 일들을 일으키지 않는다.

당신에게 일어나는 모든 일들은 당신이 이겨낼 수 있는 것이든지, 아니면 그럴 수 없는 것이든지 둘 중 하나이다. 만약 당신이 견뎌낼 수 있는 능력의 범위 안에 있는 일이라면 불평하지 말고 당신의 이성이 그것을 감당해 나가도록 참아라. 그러나 혹 당신이 이겨낼 수 없는 일이 벌어진다 할지라도 그것에 반감을 나타내지는 마라. 비록 그 일이 당신을 정복했다 할지라도 그것 역시 언젠가는 소멸되고 말 것이기 때문이다.

　　자연은 당신이 참고 견딜 만한 일들은 무엇이든지 극복해 나
갈 수 있는 힘을 부여했다는 사실을 반드시 기억해야 한다. 따
라서 중요한 것은 어떤 일이 나에게 유익할 뿐만 아니라 내가
마땅히 감당해야 할 의무이기 때문에 참고 이겨 나가야겠다고
생각하는 판단 그 자체이다.

　　어떤 일이 성취하기 어렵게 느껴진다고 해서 그것이 인간의
능력 밖의 일이라고 단정짓지는 마라. 오히려 쉽게 감당할 수
있고, 적절한 일이라고 한다면, 그것은 당신 능력의 범주 안에
있다고 적극적으로 생각하라. 당신은 절대 미래의 일로 인해 번
민에 빠져서는 안 된다. 그것이 반드시 부딪쳐야 할 일이라면,
당신은 오늘의 문제에 맞서기 위해 무장한 이성이라는 동일한
무기를 가지고 내일도 능히 헤쳐 나갈 수 있을 것이다.

나를 괴롭히는 고민의 대부분은
내가 빚어낸 것들이다

당신을 괴롭히는 고민들 가운데 상당 부분은 전적으로 당신의 공상이 빚어낸 쓸데없는 것들이다. 당신에게서 이런 것들을 제외하고, 보다 넓은 세계로 들어갈 수 있도록 하라.

당신의 생각이 우주를 포용하고, 영원한 시간을 묵상하며, 모든 피조물들의 빠른 변화에 유의하고, 당신의 출생에서 죽음에 이르는 짧은 순간을 출생 이전의 무한과 죽음 이후의 영원과 비교하면서 자기를 넓혀가라.

사람들이 비난을 퍼부어도
순수한 마음은 바뀌지 않는다

행동은 경솔하지 않게, 생각은 모호함이 없이 하라. 또한 영혼은 지나치게 내부로만 제한되거나 너무 외부로 표출되지 않게 하고, 쾌락을 추구하는 삶의 여지를 없애라. 사람들이 온갖 비난을 퍼붓는다 해도 그런 것들이 어떻게 순수함, 온화함, 정의를 따르고자 하는 사람의 마음을 바꿔 놓을 수 있겠는가.

어떤 사람이 맑고 깨끗한 샘물가에 서서 샘물을 저주한다고 가정해보자. 그럴지라도 그 샘은 여전히 신선하고 깨끗한 물을 솟아내고 있을 것이다. 설사 그가 샘 속에 진흙과 오물을 던져 넣는다 해도 샘은 그것들을 재빨리 분해해 흘려보내고 더렵혀지지 않을 것이다. 그렇다면 당신은 어떻게 우물이 아닌 영원한 마음의 샘을 소유하게 될 것인가? 그것은 바로 매 순간 모든 자비와 순박함과 겸양 속에서 자기 자신의 주인이 되어 스스로를 지켜 나감으로써 가능하다.

쾌락과 욕망의 꼭두각시 노릇을
지금 당장 멈춰라

쾌락을 추구하며 사는 인간들은 얼마나 가련한가! 그들이 추구하는 목적과 방법들은 얼마나 저속하고 비열한가! 시간은 얼마나 순식간에 모든 사물들을 삼켜 버리는가! 심지어 지금 이 순간에도 시간은 얼마나 많은 것들을 쓸어가고 있는가!

거짓이 무엇이고, 위선이나 사치나 교만이 무엇인지도 모른 채 세상을 떠나는 사람이 있다면, 그는 진정 지혜로운 사람일 것이다. 그 다음으로 지혜로운 사람은 최소한 그런 것들을 혐오하면서 임종을 맞는 사람이다. 한데 당신은 진정 악의 틈바구니 속에서 살아가기로 작정했단 말인가? 당신의 지나온 경험이 이런 죄악의 폐해로부터 어서 빨리 벗어나라고 설득하고 있지 않은가?

정신이 타락하는 것은 우리를 둘러싼 환경의 부패나 파괴보다 훨씬 더 무서운 일이다. 환경의 오염은 우리의 동물적 생명을 빼앗아가지만, 정신의 오염은 우리의 인간성을 빼앗아가기 때문이다. 육신이 아직도 생생한데, 영혼이 비틀거린다는 것은 참으로 수치스러운 일이다.

모든 환상을 멀리하라. 욕망의 꼭두각시 노릇은 이제 멈춰라. 현재의 시간에만 의미를 두라. 자신이 직접 경험했든 타인을 통해 간접 경험했든 그 실체를 인식하는 법을 배워라. 지각의 대상들을 원인과 결과에 따라 분류하라. 당신의 최후의 순간에 대해 명상하라. 그리고 이웃의 잘못을 들추지 말고 그것을 행한 사람에게 머물게 하라.

가지지 못한 것들 대신
내가 가진 축복들을 헤아려보라

당신이 지금 가지지 못한 것을 소유하고자 하는 욕망에 사로잡히기보다는, 당신이 가진 축복들을 헤아려보라. 당신이 그것들을 가지지 못했을 때 당신이 얼마나 간절히 그것들을 갈망했는가를 생각하면서 감사히 여겨라.

그렇지만 그것들을 너무 소중하게 여기고 기뻐한 나머지, 나중에 그것들을 잃게 되었을 때 마음의 평화가 깨지는 일은 없도록 하라.

올바르지 않으면 행하지 말고, 진리가 아니면 말하지 마라

야망을 가진 사람은 다른 사람이 성취한 업적에서 선을 찾으려 하고, 쾌락을 추구하는 사람은 말초 신경의 감각에서 즐거움을 찾는다. 그러나 분별력이 있는 사람은 자신의 행동을 기쁨의 원천으로 삼는다.

오만한 자들의 생각을 따르거나 그러한 생각이 당신의 사고를 지배하지 못하도록 하라. 모든 사물을 오직 진리의 빛에서만 보라. 올바른 일이 아니면 결코 행하지 말고, 진리가 아니면 절대 말하지 마라. 그리고 충동은 다스려라.

허세야말로 인생을 좀먹는 가장 간교한 사기꾼이다

고기나 그 외의 맛있는 음식을 대하게 되었을 때는 다음과 같이 생각하라. '이것은 생선이나 새, 돼지의 죽은 몸일 뿐이다. 이 팔레르니안 포도주는 몇 송이 포도로부터 짜낸 즙에 불과하다. 이 자주색 옷도 양털에다 조개의 피를 물들인 것에 지나지 않는다.' 이런 식으로 생각하면서 사물의 근저에까지 다가가 그것을 통찰하고, 그 참된 본질이 무엇인지를 밝혀내도록 하라. 그리고 이와 동일한 과정이 삶 전체에 적용되도록 하라.

어떤 사물이 외견상 신뢰감을 줄 정도로 그럴듯하게 보일지라도 그것을 뉘어 놓고, 그 하찮음을 주시하며, 그 사물에 대한 잡다한 찬사의 망토를 벗겨 놓아라. 허세는 가장 간교한 사기꾼이며, 당신이 가장 훌륭하게 일을 수행하고 있다고 생각하는 그 때가 가장 위험한 순간이다.

남의 평가보다는 스스로의
자신에 대한 평가가 소중하다

당신은 한 시간에 몇 번씩이나 자신을 저주하는 사람에게서라도 칭찬을 받고 싶은가? 스스로 즐거움을 찾지 못하는 사람을 당신이 기쁘게 할 수 있다고 생각하는가? 자신의 거의 모든 행동에 대해 후회나 하고 있는 사람이 어떻게 자신에게서 만족을 느낄 수 있을까?

인간은 저마다 자기 자신을 누구보다 사랑하면서도, 정작 자신에 대한 평가에 있어서는 자신의 생각보다 다른 사람의 생각을 더 중요하게 여기는 경향이 있다. 참으로 의아한 일이 아닐 수 없다. 만약 어떤 사람에게 신이나 현자가 나타나 그의 마음속에 떠오르는 생각이나 의도를 즉시 드러내도록 명령한다면, 그는 그것을 단 하루도 견디지 못할 것이다. 그런데도 우리는 남이 나를 어떻게 생각하는가를 내가 나를 판단하는 것보다 더 존중하고 있다.

내일의 명성에 연연하지 말고
오늘에 최선을 다하라

|

오늘에 최선을 다하라. 내일의 명성을 추구하는 사람들은 후세대의 사람들 또한 자기들이 얼굴을 붉히며 살아가는 동시대인들과 전혀 다를 바가 없으며, 그들 역시 죽게 될 존재라는 사실을 망각하고 있는 것이다. 후손들이 당신에 대해 무슨 얘기를 하고 어떤 평가를 내리든지, 그것이 도대체 당신에게 무슨 의미가 있겠는가?

명성에 관해 그것을 좇는 사람들의 마음 상태를 들여다보고, 그들이 추구하는 것들과 혐오하는 것들을 잘 관찰하라. 한 걸음 더 나아가 이 세상에서 오늘의 사물들이 얼마나 빨리 내일의 것들로 인해 묻혀 버리는지, 한 층의 쌓인 모래조차 곧바로 다음 모래층으로 뒤덮여 버리는 것을 상기하라.

다른 사람이 말하고 행동하고 생각하는 것에 개의치 않고,

오직 자신의 행동이 바르고 순결한가에만 관심을 갖는 사람은
세월을 아끼고 마음의 평온을 얻는 자이다. 선한 사람은 타인
의 결점을 찾으려고 곁눈질하지 않으며, 오직 자신의 목표를 향
해 벗어남 없이 힘차게 나아갈 뿐이다.

사람들의 찬사와 비난은
칼의 양날과도 같음을 알아라

헤아릴 수 없이 많은 군중들의 신비적인 종교 의식, 폭풍우와 맑은 날을 가리지 않고 계속되는 그들의 항해, 그리고 태어나서 더불어 살다가 죽어가는 천태만상의 삶을 높은 곳에서 내려다보라. 또한 지나간 세대, 앞으로 올 세대, 그리고 아득한 옛날의 유목민처럼 방황하며 살아가는 사람들의 삶을 생각해보라.

얼마나 많은 사람들이 당신의 이름조차 알지 못하는가? 얼마나 많은 사람들이 당신의 이름을 곧 잊게 될 것인가? 또한 당신에게 찬사를 보내는 얼마나 많은 사람들이 금세 당신을 비난하며 나설 것인가? 그러므로 기억이라든지 영광이라든지 그 밖의 어떤 것도 아무런 가치가 없다는 사실을 명심하라.

지금 나에게 지워져 있는 짐은
오직 현재만의 것이다

인생 전체를 생각하면서 자기 자신을 혼란에 빠뜨리지 마라. 즉 당신에게 닥칠 모든 문제와 다양한 형태의 불행들을 머릿속에 열거하지 않도록 하라. 오히려 문제를 하나씩 생각하면서 이렇게 자문하라. '이까짓 것도 참지 못하고 견뎌내지 못할까!'

이런 자신이 생기지 않으면 스스로를 부끄럽게 여겨라. 그리고는 지금 나에게 지워져 있는 짐은 미래도 과거도 아닌, 오직 현재만의 것임을 기억하라. 그 현재의 짐조차도 그것의 한계를 엄격히 제한하고, 그렇게 사소한 일조차도 이겨내지 못하는 자신의 나약한 정신력을 다그쳐 나간다면 훨씬 가볍게 느껴질 것이다.

괴로워하는 대신에
고통을 없애기 위해 실행에 옮겨라

만일 당신이 외적인 일들로 인해 고통을 받는다면, 당신이 느끼는 고통은 그 일 자체에서 기인하는 것이 아니라 그 일을 받아들이는 당신의 관념 때문에 생겨난다. 하지만 당신은 언제든지 그러한 고통을 퇴치할 수 있는 능력을 가지고 있다.

어떤 문제의 원인이 자신의 성격에 있다고 한다면, 당장 당신의 품성을 고치는 일에 착수하라. 그 일을 누가 방해할 수 있겠는가? 또한 당신을 괴롭히는 문제가 객관적으로 옳은 일임에도 당신의 행동이 이에 미치지 못하기 때문이라면, 그렇게 괴로워하는 대신에 그 일을 실행에 옮기면 될 것이다.

당신은 "그렇게 못하는 것은 도저히 극복할 수 없는 장애물이 있기 때문이다"라고 말할지 모른다. 그런 경우라면 염려하지 않아도 된다. 당신이 감당할 수 없는 일들은 당신의 책임이 아니기 때문이다. '그러나 그 일을 해결하지 않고서는 살맛이 나지 않는다'고 느껴지는가? 그렇다면 자신에게 주어진 사명을 완수하고 즐겁게 죽는 사람들처럼 그 좌절감을 간직한 채 가벼운 마음으로 세상을 하직하라.

우울증을 치료하려면
지인들의 장점을 떠올려봐라

당신의 영혼에 생기를 불어넣기 원한다면 주위 사람들의 장점들을 생각해보라. 예컨대 아무개는 능력이 출중하고, 아무개는 희생 정신이 강하며, 또 누구는 겸손한 성품을 가지고 있다는 식으로.

마음속 우울증을 치료하는 데는 우리 주변에 있는 사람들의 개성에 나타난 각기 다른 장점들을 풍부하게 떠올리는 것보다 더 좋은 방법이 없다. 그러므로 사람들의 그런 모습이 언제나 당신 눈앞을 떠나지 않게 하라.

5

Marcus Aurelius Antoninus

용서하고
화해하는 것은
인생의 소중한 의무다

서로를 개선해가든지
아니면 내가 포용하든지 하라

가능하면 사람들이 더 선해질 수 있도록 가르쳐라. 행여 가능하지 않을지라도, 그들에게 친절히 대하는 것을 잊어서는 안 된다. 왜냐하면 친절이란 바로 그런 때 사용하라고 당신에게 주어져 있기 때문이다. 신조차도 그런 사람들에게 친절을 베풀고 있으며, 때로는 너무 관대하게도 그들이 갈망하는 건강·부·명예 등을 소유할 수 있도록 도와주기까지 한다. 당신도 이렇게 할 수 있어야 한다. 그것을 누가 막겠는가?

만일 누군가 잘못을 범했다면, 부드럽게 타이르고 그가 자신의 잘못이 무엇인지를 깨닫도록 하라. 그럼에도 그를 뉘우치게 하는 데 실패했다면, 당신 자신의 부족함을 탓해야지 누구도 비난해서는 안 된다. 인간은 서로를 위해 존재한다. 그러므로 서로를 개선해가든지 아니면 포용하든지 하라.

용서하고 화해하는 것은 인생의 소중한 의무다

내 이해관계의 척도로
누군가의 선악을 논하지 마라

당신의 의지로 통제할 수 없는 일들에 대해 좋다, 나쁘다를 판단하지 마라. 그렇지 않으면 좋은 일이 없다고 해서, 혹은 나쁜 일이 벌어졌다고 해서 당신은 분명 신을 원망하게 될 것이고, 당신이 알고 있는 사람들에게 악감정을 가지거나, 당신의 실패나 불행이 다른 사람들의 탓은 아닌지 의심을 품게 될 것이다.

사실 우리는 매사에 자신의 이해관계의 척도에서 선악을 규정하기 때문에 얼마나 많은 잘못을 저지르며 살아가는지 모른다. 그러나 우리가 선악의 판단을 자신의 노력 여하에 따라 결정할 수 있는 문제들에 국한해 엄격히 적용한다면, 우리가 신에게서 잘못을 찾거나 다른 사람들에게 적대감을 갖는 일 따위는 사라지게 될 것이다.

다른 사람의 악행은
그냥 그곳에만 머물게 하라

자연의 본성에 합당하게 말하고 행동할 수 있는 자신의 권리를 확보하라. 그에 따르는 사람들의 비판이나 평가 따위에 흔들려서는 안 된다. 말하고 행동해야 할 일들이 있으면, 결코 자신의 권리를 포기하지 마라.

당신을 비판하는 사람들은 각자 그 나름대로의 이유와, 그렇게 하도록 충동질하는 자극제가 있을 것이다. 절대로 당신의 시선을 그들에게 두지 말고, 앞만 똑바로 쳐다본 채 당신의 본성과 우주의 본성을 따라가라. 이 둘은 사실 같은 것이다. 다른 사람의 악행을 옮겨오지 마라. 다른 사람의 악행은 그냥 그곳에만 머물게 하라.

소문이 나를 어떻게 비방해도
나의 본질은 변함없다

설령 온 세상 사람들이 당신을 비방하고 욕한다 해도, 또한 야수들이 당신의 사지를 갈기갈기 찢어 놓는다 해도, 그러한 위협에 굴복하지 말고 사는 날 동안에는 흔들림 없이 마음의 평정을 잃지 마라. 그렇게 함으로써 그 어떤 것도 정신이 지니고 있는 평화를 빼앗거나 주위 사물들에 대한 바른 판단을 방해하지 못하게 하라. 오히려 당신은 주어진 조건들을 자유롭게 잘 활용할 수 있어야 한다.

당신은 각 사물들에 대해 이런 판단을 내릴 수 있어야 한다. "소문이 너를 어떻게 치장한다 하더라도 너의 본질은 바로 이것이다." 그리고 봉사할 수 있는 기회에 대해서는 이렇게 말하라. "내가 너를 얼마나 찾아왔던가!"

매 순간 벌어지는 일들은 언제나 이성과 인류애가 활동하기에 참 좋은 재료가 된다. 한마디로 인간과 신에게 봉사할 수 있는 아주 적절한 실천재료인 셈이다. 실제로 모든 일들은 신이나 인간에게 매우 유용하게 사용될 수 있는 것이므로, 그 일들이 참기 힘든 문제로서가 아니라 아주 친숙하고 항상 도움이 되는 친구처럼 다가오는 것이다.

비난을 퍼붓는 사람들에게마저 친절히 대하라

사람들이 당신에게 비난을 퍼붓고 악의를 드러낸다든지, 당신을 모욕할 때면 그들의 영혼에 다가가 그들이 어떤 부류의 사람인지를 꿰뚫어보라. 그러면 당신이 그들에게서 인정받기 위해 수고하고 애쓸 필요가 전혀 없음을 발견하게 될 것이다.

하지만 한편으로 그들을 친절히 대하는 것 또한 당신의 의무임을 잊어서는 안 된다. 왜냐하면 자연은 그들을 당신의 동료로 맺어주었고, 신조차도 꿈이나 계시를 통해 그들의 마음이 원하는 목적을 달성할 수 있도록 다양한 형태의 은혜를 베풀고 있기 때문이다.

한 점에 불과한 우리가
화해하지 못하는 것은 덧없다

인간의 육체를 놓고서 그 실상이 무엇인지를 생각해보라. 그것이 늙었을 때, 병들었을 때, 혹은 죽었을 때 어떻게 되는지를 살펴보라. 칭찬하는 사람도, 칭찬을 받는 사람도, 또한 기억하는 사람도, 기억되는 사람도 얼마나 덧없는 세월을 살고 있는가? 그들은 이 지구상에 얼마나 작은 모퉁이를 차지하고 있을 뿐인가?

그런데도 사람들은 서로 간에 결코 화해할 줄 모른다. 아니 그것은 차치하고서라도 자기 자신과도 일치하지 못한다. 지구 전체도 보잘것없는 한 점에 불과한 것이거늘.

용서하고 화해하는 것은 인생의 소중한 의무다

그와 똑같아지지 않는 것이
가장 고상한 형태의 복수다

다른 사람이 내게 잘못을 저질렀는가? 그것은 당신과는 무관한 일이기 때문에 그 사람으로 하여금 해결하도록 하라. 그의 기질과 행동은 어디까지나 그 사람의 문제이다. 내가 생각해야 될 문제는 우주적 본성이 나에게 부여한 바를 지금 가지고 있는가이며, 내 자신의 본성이 내게 행하도록 요청하는 바를 충실히 따르고 있는가이다.

다른 사람의 잘못 때문에 화가 치밀 때는 즉시 자신을 돌이켜보고, 나에게서도 이와 유사한 점이 발견되는 것은 아닌지 살펴보라. 나 역시 부와 쾌락, 명성과 같은 것들 속에서 즐거움을 찾고 있는 것은 아닌가. 이렇게 생각하면 '그도 어쩔 수 없는 상황에서 그렇게 행하도록 강요된 것일 뿐, 그 밖에 그가 달리 취할 선택의 여지가 무엇이 있었겠는가?'라는 생각이 들게 될 것이고, 당신의 분노도 이내 진정될 것이다. 당신이 할 수만 있다

면 그에게 잘못을 강요하도록 하는 바로 그것을 제거해주도록
하라.

　가장 고상한 형태의 복수란 자신에게 대적하는 사람들과 똑
같아지지 않는 것이다. 누군가의 행동이 잘못됐다는 생각이 들
때는 '나는 왜 그것이 잘못됐다고 확신하는가?'를 생각해보라.
그런 다음 '설사 그것이 사실이라 할지라도, 그가 이미 자신의 행
동을 뉘우치고 손톱으로 자기 얼굴에 선명한 자국을 남길 만큼
철저히 자신을 꾸짖었을지도 모르지 않는가?'라고 생각하라.

　악한에게 절대 나쁜 짓을 하지 않을 것이라고 기대하는 것은
무화과나무가 그 열매에서 그 독특한 즙을 내지 않기를 바라는
것과 같고, 갓난아기가 울지 않고 말이 말울음소리를 내지 않
으며, 그 밖의 인생에서 필연적인 일들이 결코 일어나지 않기를

바라는 것과 마찬가지다. 바탕이 악한데 행동이 어찌 달리 나올 수 있겠는가? 그래도 여전히 그 잘못에 화가 난다면, 그 사람 자체를 개선하려고 노력하라.

상대의 잔인함에는 온유로, 악행에는 치유책으로 맞서라

당신이 다른 사람의 뻔뻔스러운 행동 때문에 화가 날 때는 이런 질문을 하게 될 것이다. '세상은 저런 무례한 사람들 없이는 존재할 수 없는 것일까?' 물론 그럴 수 없다. 따라서 불가능한 일은 기대하지 마라. 그런 사람 역시 세상이 필요로 하는 몰염치한 사람들 가운데 하나일 뿐이다.

또한 당신이 악한이나 이중적인 사람, 혹은 그 밖의 부정한 사람을 만나게 되었을 때도 이와 똑같이 생각하라. 그런 부류의 사람도 없어서는 안 될 존재라는 것을 스스로 인정한다면, 다른 사람에게 보다 친절히 대할 수 있는 마음의 여유를 갖게 될 것이다.

그리고 일상생활의 구체적인 악행에 대항하기 위해서는 자연이 우리에게 어떤 미덕을 특별히 부여했는가를 즉시 떠올려보는 것도 아주 유익한 방법이 될 것이다. 자연은 언제나 우리에게 해독제까지 제공하기 때문이다. 자연은 우리를 잔인함에는 온유로, 악행에는 치유책으로 맞서게 한다. 일반적으로 사람이 잘못을 저지르는 것은 자기가 따라야 할 도의가 무엇인지를 잘 모르기 때문인데, 당신은 그런 사람에게 무엇이 잘못되었는지를 깨닫게 해줄 수 있는 기회를 가지고 있다.

게다가 그 사람의 과실 때문에 당신이 해를 당한 것은 과연 무엇인가? 당신을 화나게 하는 사람들 중에서 당신의 마음에 심한 상처를 줄 수 있는 사람은 아무도 없다. 자아를 손상시키거나 해악을 끼치는 것은 오직 자기 마음속에만 있기 때문이다. 시골뜨기가 촌스럽게 행동한다고 해서 무엇이 잘못되고 무엇이 이상하단 말인가?

누군가 당신의 신의를 저버리거나 은혜에 감사하지 않는 것 때문에 화가 난다면, 일단 자신을 돌아보라. 당신이 그 정도밖에 안 되는 사람에게 굳은 믿음을 가지고 신뢰를 보냈었다면 그것은 분명 당신의 잘못이다. 또한 당신이 그에게 은혜를 베풀었을 때 보상을 기대하는 마음으로 했다든지, 혹은 그럴 줄 알았으면 돕지 않았을 것이라고 후회하는 것도 당신이 잘못 생각하는 것이다.

일단 누군가에게 자비를 베풀었다면 그 이상 무엇을 바라겠는가? 다른 어떤 보상도 기대할 수 없다 할지라도 자신의 본성의 법칙을 따라 행할 수 있었다면 그것으로 충분한 것이 아니겠는가? 그것은 마치 눈이 시각에 대해, 혹은 발이 걸음에 대해 아무런 보상을 요구하지 않는 것과 같으며, 그들이 존재해야 할 이유는 바로 그런 일들 때문인 것이다.

용서하고 화해하는 것은 인생의 소중한 의무다

인간 역시 마찬가지로 남에게 친절을 베풀기 위해 태어났다.
따라서 어떤 친절한 행동을 하게 되었을 때, 혹은 공익을 위해
봉사하게 되었을 때, 사람은 그 창조된 목적을 수행하고 있는
것이며, 본분을 다하는 것 그 자체가 바로 그가 받게 되는 보상
인 것이다.

황당하고 분하더라도
그를 용서하는 것은 나의 의무다

어떤 사람이 당신에게 잘못을 저질렀을 때, 과연 그 사람은 선과 악에 대해 어떤 관념을 갖고 있기에 그런 일을 하게 되었는지 먼저 생각하도록 하라. 그러고 나면 황당하고 분한 마음이 점차 동정과 이해로 바뀌어갈 것이다. 왜냐하면 선에 대한 당신의 생각도 그 사람보다 별반 나을 바 없거나, 아니면 최소한 서로 유사한 부분이 있음을 발견하게 될 것이기 때문이다.

그를 용서하는 것은 확실히 당신의 의무이다. 한편 당신이 만약 그런 행동들에 대해 선악의 판단 기준조차 가지고 있지 않다면, 다른 사람들의 잘못을 관용하기가 훨씬 수월해질 것이다.

운동 경기 중 상대방이 손톱으로 할퀴거나 상대방과 머리가 부딪혀 타박상을 입게 되었다고 해서 거칠게 항의한다든지, 복수를 한다든지, 혹은 그가 일부러 악감정을 가지고 그렇게 했다고 의심하지는 않을 것이다. 인생의 다른 영역에 있어서도 이와 같은 자세를 가져라. 그래서 인생이라는 경기에서 우리의 동료 경쟁자들이 범하는 수많은 크고 작은 과오들도 관용하려고 힘써라.

누군가에게 상처를 받았다면
내 탓이라고 생각하자

자신에게 '내 탓이오'라는 생각을 불어넣고, 그러한 감정을 유지하도록 하라. 상처받았다는 느낌을 부인하면 상처 그 자체도 곧 사라지게 될 것이다.

화를 내는 것은
연극배우에게나 어울리는 일이다

겨드랑이의 악취와 고약한 입 냄새를 풍기는 사람 때문에 짜증이 나는가? 하지만 짜증을 내서 무엇 하겠는가? 그 사람의 겨드랑이와 입은 건강하지 못하기 때문에 그런 악취를 낼 수밖에 없는 것이다. 그럴 때는 이렇게 생각하라. '그래도 그 역시 이성을 가진 동료이므로, 자기 결점에 대해 조금만 관심을 갖는다면 그도 무엇이 문제인가를 정확히 파악할 수 있을 것이다.' 이것이 옳고 선한 생각이다.

당신 역시 이성을 가지고 있다. 따라서 당신의 이성을 가지고 그를 움직여 그도 자신의 이성에 대해 눈을 뜰 수 있도록 설득하고 교훈하라. 만약 그가 당신의 훈계를 받아들인다면, 당신은 그를 치유하는 것이 되므로 역정을 낼 필요는 없는 것이다. 화를 내는 것은 연극 배우에게나 어울리는 일이다.

타락의 늪에 빠진 사람조차도
기꺼이 사랑하라

인간만이 가지는 독특한 특성은 잘못을 저지르고 타락의 늪에 빠진 사람조차도 사랑하는 데 있다. 그러한 사랑은 그들도 우리의 형제이고, 고의적인 의도에서가 아니라 무지에서 비롯되어 죄를 범한 것이며, 잠시 후면 그들도 나도 모두 죽을 존재라는 것을 인식하는 데서 싹트게 된다.

그리고 무엇보다도 당신이 그들의 잘못으로 인해 해를 입은 것이 없다는 사실을 깨닫는 것이 중요하다. 왜냐하면 당신의 지배 이성은 이전과 비교해서 조금도 나빠진 것이 없기 때문이다.

용서하고 화해하는 것은 인생의 소중한 의무다

나의 잘못을 바로잡아주는
사람이 있다면 받아들여라

만일 누군가 내가 잘못 생각하고 잘못 행동했다는 것을 지적해온다면, 나는 기꺼이 내 자신을 고쳐 나갈 것이다.

나는 진리를 추구하고 있는데, 이 진리는 결코 어느 누구에게도 해를 입히지 않는다. 남에게 해를 끼치는 것은 자신에 대한 과대망상과 무지에서 비롯된 외고집뿐이다.

당신의 잘못을 바로잡아주는 사람을 따르고 존경을 표하는 것은 결코 당신의 자유를 훼손시키는 일이 아니다. 왜냐하면 그러한 행동 역시 당신의 충동과 판단, 그리고 의지에 따라 내려진 것으로 당신 자신의 것이기 때문이다.

다른 사람으로부터 도움을 받는 것을 부끄럽게 여기지 마라. 당신이 해야 할 일은 기습 부대의 병사처럼 주어진 임무를 완수하는 것이다. 만약 당신이 절름발이고, 동료의 도움 없이는 도

저히 스스로 성벽을 오를 수 없다고 가정한다면, 당신은 어떻게
할 것인가?

사람을 사귐에 있어
위선을 피하고 진실로 대하라

누군가 "나는 당신을 아주 공정히 대하기로 작정했소"라고 말한다면, 이는 얼마나 무의미하고 허울 좋은 말인가. 도대체 그게 무슨 말인가? 그런 말은 미리 할 필요가 없다. 진실은 곧 드러날 것이기 때문이다. 진실은 얼굴에 쓰여 있고, 목소리의 음색에 묻어난다. 단 한 번의 눈길만으로도 상대방의 모든 것을 간파하는 연인들처럼, 당신의 눈빛에서도 진실은 일순간에 뿜어져 나온다. 진실하고 선한 사람에게서는 진한 향기가 풍겨나기 때문에 그를 마주하는 사람은 이내 그 향내를 감지하게 된다.

그러나 가장된 진실은 가슴에 숨긴 단도와 같다. 탈을 쓴 늑대의 우정처럼 가증스러운 것은 없다. 그러므로 무엇보다 이런 위선을 피하라. 참으로 선하고 진실하고 좋은 의도를 가진 사람은 그의 모습으로 자신의 마음을 보여주기 때문에 그것을 보지 못할 사람은 아무도 없는 것이다.

6

Marcus Aurelius Antoninus

정의를 성취하는
것이야말로
최고의 성공이다

선한 삶을 살 수 있는 능력이 있는지
스스로 시험해보라

우리의 초라한 생활, 끊임없이 터져 나오는 불평들, 원숭이같이 잔재주나 부리는 삶은 이제 그것으로 충분하다. 당신은 무엇 때문에 애를 태우는가? 그 속에는 전혀 새로울 것이 없는데, 무엇이 당신을 심난하게 하는가? 그것이 사물의 형상인가? 잘 살펴보라. 사물의 질료인가? 그것 역시 잘 살펴보라. 형상과 질료 외에는 더 이상 아무 것도 존재하지 않는다.

인생이 얼마 남지 않았다 할지라도 당신 자신을 하늘을 우러러 한 점 부끄럼이 없도록 더 소박하고 더 선하게 다듬어가라. 3년이 걸리든 100년이 걸리든 끝까지 이러한 교훈을 소화해 나가라.

어떤 사람이 착한 사람인가에 대해 논쟁하는 데 더 이상 시간을 허비하지 말고 그런 사람이 되도록 하라. 당신에게 선한 삶

132

을 살 수 있는 능력이 있는가를 스스로 시험해보라. 선한 삶이
란 우주로부터 자신에게 부여된 운명에 만족하면서 바른 행동
과 자비로운 길만을 추구하는 것이다.

선행을 하는 데 있어
어떤 보상이나 평판도 바라지 마라

어떤 사람은 당신에게 도움을 베풀었을 때 주저하지 않고 그에 대한 보상을 요구한다. 또 어떤 사람은 비록 그렇게까지 노골적이진 않다 할지라도, 속으로 당신을 채무자로 간주하면서 자신이 베푼 일에 대해 정확히 기억한다. 하지만 자신이 베푼 선행을 다 잊고서 아무런 내색도 하지 않는 사람도 있다. 이런 사람은 마치 포도송이를 생산한 포도나무가 열매가 맺힌 것에 만족하는 것처럼 그 이상의 어떤 보상도 바라지 않는다.

경주를 마친 경주마나, 사냥감을 물고 돌아온 사냥개, 혹은 꿀을 채집하는 꿀벌이 모두 이와 같지 아니한가! 열매를 맺은 포도나무가 묵묵히 이듬해의 결실을 향해 나아가듯, 한 가지 선한 일을 수행한 사람도 곧바로 또 다른 선행을 찾아 나서야 하는 것이다. 하지만 우리는 자기의 본분을 자연스럽게 수행함을 의식하고 있어야 한다. 왜냐하면 격언에도 있는 것처럼, '자

정의를 성취하는 것이야말로 최고의 성공이다

신의 행동이 사회적인 것임을 깨닫는 것이야말로 사회적 존재의
대표적 특성'이기 때문이다.

"자신의 행동을 사회가 알아주기 바라는 것도 사회적 존재의
또 다른 특성이 아니겠는가?" 물론 그것도 맞는 말이다. 하지
만 당신은 지금 격언의 참뜻을 벗어나 앞에서 언급한 두 부류의
사람들과 같아지려 하고 있다. 그들은 그럴듯한 논리를 가지고
진실을 왜곡하고 있다. 격언의 참뜻을 확실히 이해하라. 그러면
그 말로 인해 사회적 의무를 소홀히 하지 않을까 하는 염려로
부터 벗어나게 될 것이다.

사회 전체의 완성을 위해
내가 맡은 역할을 감당하라

하나의 가지는 자기가 속해 있는 줄기에 붙어 있음으로 해서 나무 전체를 위해 봉사할 수 있다. 이와 마찬가지로 사람도 자기 동료들에게서 떨어져 나가면 사회 전체로부터 격리되고 만다. 나뭇가지는 어디까지나 외부의 힘에 의해 잘려져 나가지만, 인간은 자신의 증오심이나 혐오감으로 인해 이웃으로부터 소외를 자초한다. 그러면서도 스스로가 자신을 사회 전체로부터 격리시키고 있다는 것조차 알지 못한다.

그렇지만 이렇게 떨어져 나간 사람도 인간을 공동체적 존재로 창조한 신의 은총으로 말미암아, 다시 관계를 형성하고 이웃과 더불어 하나가 될 수 있는 능력을 부여받았다. 그래서 다시 한번 사회 전체의 완성을 위해 자기 역할을 감당할 수 있도록 회복될 수 있는 것이다.

그러나 이런 분리적 행동이 계속 되풀이된다면, 점점 원상으로 복구되기가 어려워진다. 처음부터 나무와 함께 성장해 생명을 지속하고 있는 가지는, 일단 떨어져 나갔다가 다시 접붙임을 받게 된 가지와는 사뭇 다르다. 같은 나무에 붙어 있는 가지라고 모두 같은 열매를 맺는 것은 아니다.

공공의 이익을 항상 염두에 두면서 생각하고 행동하라

행동할 때는 기꺼이, 신속하게 하되 항상 공공의 이익을 염두에 두라. 심사숙고하되 우유부단하지는 말고, 감정은 가식적이지 않도록 지나친 치장을 삼가라. 수다쟁이가 되지 말며, 참견하는 것을 피하라. 삶의 전쟁터에서 퇴각의 신호를 기다리며 기꺼이 최후의 순간을 맞이할 준비가 돼 있는 군인처럼 자신의 자리에 굳게 서 있되, 자신의 명예를 스스로 드러내려고 하거나 다른 사람들로부터 인정받으려고 해서는 안 된다.

그 속에 기쁨의 비밀이 숨겨져 있는 것이므로 외부의 도움을 청하지 말고 다른 사람들로부터 마음의 평온과 위안을 찾지 마라. 우리는 반드시 스스로 일어서야지, 다른 사람들의 부축을 받아서는 안 된다.

잘 훈련되고 정화된 인간의 정신에는 부패로 오염되거나 부정으로 얼룩진 것, 곪아 있는 상처 따위는 찾아볼 수 없다. 연극이 끝나기 전에 무대에서 내려오는 배우가 없듯이, 운명의 여신 또한 그러한 사람의 생이 완성되기까지는 생명을 빼앗아가지 않는다. 그에게서는 일체의 노예근성이나 허식을 찾아볼 수 없고, 그는 다른 사람을 의지하지도 멀리하지도 않는다. 그리고 책망을 받을 일도, 쥐구멍을 찾을 필요도 없다.

공공의 이익에 위배되지 않는다면 타인의 일에 관여 마라

공공의 이익을 위한 일이 아니라면 굳이 다른 사람의 일에 관여하는 데 인생을 허비하지 마라. 누가 무엇을 왜 하는지 다른 사람의 말이나 생각이나 계획 따위에 관심을 빼앗기다 보면, 정작 자기를 다스리는 내면의 소리에 대한 집중력이 흐트러져 다른 일들을 할 수 있는 기회를 놓치고 말 것이다.

따라서 하찮고 괜한 공상에 빠지지 않도록, 특히 호기심을 자극하거나 덕스럽지 못한 사념에 사로잡히지 않도록 주의하라. 만약 누군가 갑자기 "당신은 지금 무슨 생각을 하고 있습니까?"라고 물어와도 주저하지 않고 솔직하게 대답할 수 있도록 투명하게 사고해야 한다. 그래서 자신의 모든 생각들이 말초 신경적 공상이나 시기·질투·의심 등과 같은 스스로 낯 뜨거워질 만한 여타의 감성적 즐거움에 빠지지 않고, 사회적 존재로서의 위치에 걸맞게 사고하고 있음을 단순하고도 상냥하게 나타내 보일 수 있어야 한다.

이러한 사람이 지금부터라도 높은 이상의 세계를 추구하기
로 결심한다면, 그는 실로 신의 사제요 종복이 될 것이다. 왜냐
하면 그렇게 내면의 힘을 가장 효과적으로 사용함으로써 그는
자신을 쾌락에 더럽히지 않고, 고통에도 잘 견디며, 모욕을 당
할 만한 일은 삼갈 뿐만 아니라, 일체의 악에도 물들지 않게 가
꾸어가기 때문이다.

그는 진정 격정의 지배에 맞서는 가장 숭고한 싸움의 전사
이다. 그에게는 정의감이 배어 있고, 자신의 운명에 배정된 몫이
무엇이든 기꺼이 받아들이며 산다. 그리고 공공의 이익에 위배
되는 것이 아니라면 다른 사람들이 말하고, 생각하고, 행동하
는 것이 무엇이든 스스로 문제 삼지 않는다.

그는 우주의 질서 속에서 오직 자신의 특정한 위치에만 주목하면서 자신의 활동 범위를 스스로의 관심사에 국한시킨다. 또한 자신의 행동이 명예롭도록 힘쓰며, 자신의 운명의 방향은 보다 높은 차원에서 인도받고 있다는 확신 속에서 자신에게 일어나는 일들을 언제나 최선의 것으로 받아들인다.

그는 이성을 가진 모든 존재가 한 형제인 것과, 그들을 향한 관심이 인간으로서의 본분임을 잊지 않는다. 또한 그는 자신이 따르고자 하는 것은 세상 사람들의 일반적인 생각이 아니라, 오직 자연에 순응하면서 살아가는 사람들의 바른 견해임을 잘 알고 있다.

그래서 그는 자연의 질서에 순응하지 못하며 사는 사람들에 대해 낮이든 밤이든, 집 안에서든 밖에서든, 그들이 드러내는 삶의 성향과 어울리는 모임의 성격 등에 항상 유의하면서 경각심을 늦추지 않는다. 그런 사람들은 스스로 보기에도 바로 서 있지 못하기 때문에 그는 이들로부터 얻게 되는 찬사 따위에는 아랑곳하지 않는다.

사회에 봉사하는 일은
혼신의 힘을 다할 가치가 있다

아침 햇살에 잠을 깨고서도 침상에서 일어나기 싫을 때면 속으로 이렇게 외쳐라. '나는 인간으로서 감당해야 할 사명을 위해 자리에서 일어나야 한다.' 나는 그 사명을 위해 세상에 태어났는데 무슨 투덜거릴 일이 있겠는가? 따뜻한 이불 밑에서 편안히 누워 지내기 위해 내가 태어났단 말인가?

마음 한편에 '그래도 누워 있는 것이 더 좋은 걸!'이라는 생각이 든다면, 과연 당신은 일하고 노력하기 위해서가 아니라 즐기기 위해서 태어났단 말인가? 자연의 식물과 참새, 개미, 거미, 꿀벌 등을 보라. 모두가 본분을 다하면서 자연의 질서와 조화를 위해 자기 몫을 담당하고 있지 않은가? 그런데도 유독 당신만은 자연의 명령에 따르기를 싫어하면서 인간이 분담해야 할 일을 거부하고 있지 않은가?

"그렇지만 사람은 약간의 휴식도 반드시 필요하다"라고 대
꾸하고 싶은가? 물론 맞는 말이다. 그러나 음식이나 술에도 한
계가 있는 것처럼, 자연은 휴식에도 한계를 정해 놓았다. 그런
데도 당신은 그 한계를 벗어난 과도한 휴식을 취하려고 한다.
그 때문에 노력이 부족한 당신은 자신이 성취할 수 있는 일조차
잘 수행하지 못하고 있다.

당신은 자기 자신에 대한 참된 사랑을 하고 있지 않다. 참으
로 자기를 사랑한다면, 당신은 자신의 본성과 그 본성의 의지
를 사랑했으리라. 자기 기술을 사랑하는 장인들은 씻는 것과
먹는 것조차 잊어가면서 힘에 겹도록 일에 몰두한다. 그런데 당
신은 무용수가 무용을, 수전노가 은화를, 혹은 허세가 하찮
은 영화를 존중하는 것에도 못 미칠 만큼 자신의 본성을 경시
하고 있다. 열정이 마음속에 가득 차 있는 사람들은 자기가 추

구하는 바를 이루기 위해서 음식과 수면까지도 기꺼이 희생한다. 당신의 눈에는 사회에 봉사하는 일이 혼신의 힘을 다할 만큼의 가치가 없고 무의미하게 보이는가?

정의를 성취하는 것이야말로 최고의 성공이다

내 삶의 목표는 오로지
공익을 위한 것이어야 한다

언제나 하나의 지속적이고 동일한 삶의 목적을 갖지 못한 사람은 그의 삶 또한 지속적이지 못하고 일관성이 없다고 할 수 있다. 그렇지만 이 명제는 그 자체로서는 아직 충분하지 못하다. 여기에 당신은 '과연 그 목적이 무엇인가?'라는 문제를 덧붙여야만 한다.

일반적으로 사람들이 선이라고 생각하는 일들에 대해서도 의견이 꼭 일치하는 것은 아니지만, 어떤 종류의 일들에 있어서는 이론의 여지가 없을 것이다. 즉 공익과 관련된 일들이 바로 그 대표적 형태이다. 우리가 삼아야 할 삶의 목표도 동료들과 사회의 유익을 위한 것이 되어야 한다. 이러한 목표를 향해 온갖 노력을 다 기울이고 있는 사람은 자신의 모든 행동에 일관성을 부여하게 될 것이며, 그렇게 함으로써 지속성 또한 얻게 될 것이다.

공익의 안녕에 반하는 것은
무엇이든지 멀리 하라

우주가 원자들의 혼합이든 자연의 조직 체계이든, 내가 가진 첫 번째 신념은 나는 자연의 다스림 속에 있는 전체의 한 부분이라는 사실이다. 둘째로 나는 내 자신과 다른 모든 사람들이 혈족관계로 결속되어 있다고 믿는다.

이 두 가지 생각을 마음속에 품고 있다면, 단지 한 부분일 뿐인 내가 전체로부터 할당받은 것이 무엇이든 불평하지 않을 것이다. 왜냐하면 전체에 유익한 것 중에 부분에 해가 될 것은 아무 것도 없으며, 또한 전체는 자기에게 유익함이 없는 것은 그 어떤 것도 담지 않기 때문이다.

모든 자연적 조직 체계에 있어서도 우리는 같은 말을 할 수 있다. 그러나 우주의 본성에는 또 다른 특성이 있다. 그것은 우주가 어떤 외부적 원인으로 인해 자신에게 해로운 것을 생산하도록 강요받지 않는다는 것이다. 따라서 내가 전체의 한 부분임을 생각할 때, 나는 나의 몫으로 분배된 것은 무엇이든지 기쁘게 받아들일 것이다.

다음으로 나는 나와 다른 사람들 사이에 혈족관계의 결속이 지속되는 한 공익에 해가 되는 일은 결코 하지 않을 것이며, 내 행동의 모든 동기인 공익의 안녕에 반하는 것은 무엇이든지 멀리하겠다는 목적의식을 가지고 언제나 혈족관계에 있는 사람들을 위해 살아갈 것이다. 그렇게 함으로써 지금 나의 삶은 행복이 넘쳐나게 될 것이다. 국가가 자기에게 부여한 사명을 기쁜 마음으로 받아들이면서 국민을 위해 끊임없는 수고와 봉사를 아끼지 않으려는 공직자가 갖게 되는 행복도 이와 마찬가지일 것이다.

영혼의 고결함보다
더 즐거운 일은 세상에 없다

올바른 원칙에 입각해서 세세한 부분에 이르기까지 철저하게 살고자 했을지라도, 실패했다면 그것 때문에 괴로워하거나 포기하거나 낙심하지 마라. 그럴 때는 처음으로 다시 돌아가되, 당신 행동의 대부분이 인간 본성에 크게 어긋나지 않았다는 것으로 위안을 삼아라. 그러나 언제든지 다시 돌아가 시작할 수 있도록 스스로를 훈련하고 이를 즐겨라.

당신이 철학으로 되돌아갈 때는 학생이 스승을 대하듯 경직된 마음으로 하지 말고, 마치 눈병 난 사람이 달걀이나 거즈를 붙이듯이, 또는 환자가 찜질약이나 물약을 바르듯이 부드러운 마음으로 해야 한다. 이렇게 함으로써 이성에 복종하는 것이 더 이상 당신에게 문제가 되지 않고, 당신은 이성 안에서 안식을 찾게 될 것이다.

또한 철학은 오직 당신의 본성이 원하는 바를 추구하는 반면, 당신은 자연을 거스르는 그 무엇인가를 갈망하고 있다는 사실을 기억하라. "그렇다. 하지만 내가 갈망하는 것보다 더 즐거운 일이 무엇이 있을까?"라고 당신은 반문할지도 모른다. 하지만 쾌락이 우리를 현혹시키기 위해 쓰는 유인책이 바로 이런 질문이 아니겠는가.

잘 생각해보라. 영혼의 고결함보다 더 즐거운 일이 세상에 어디 있을까? 정직, 소박함, 친절, 경건이 바로 최고의 즐거움이 아니겠는가? 뿐만 아니라 추론과 인식의 과정이 작용하는 정밀함과 부드러움을 상기해보라. 지성이 발휘되는 것보다 더 큰 즐거움이 무엇이란 말인가?

선한 의지로 언제나
정의가 제시하는 길을 따라가라

신의를 저버리거나, 양심을 배반하고, 다른 사람을 증오하고 의심하며 혐오한다든지, 부정직하다든지, 혹은 무언가를 감추기 위해 덮거나 가려야 할 일을 탐함으로써 얻게 되는 이익에 가치를 두지 마라. 자신의 마음과 내면의 신성, 그리고 선을 위한 봉사를 최고의 가치로 아는 사람은 가식적이지 않고, 불평을 늘어놓지 않으며, 고독 속에 은둔하거나, 대중 속에 휩싸이는 것도 바라지 않는다.

그런 사람의 삶은 생에 대해 집착하지도 회피하지도 않으면서, 영혼을 싸고 있는 유한한 육체적 수명의 길고 짧음에 초연해 있다. 지금 이 순간 세상을 떠나야 할지라도 그는 다른 일상적인 일을 행하는 것처럼 자긍심을 잃지 않고 흔들림 없이 죽음을 맞이할 것이다. 생에 대한 그의 유일한 관심사는 그의 정신이 지성인으로서, 그리고 사회적 존재로서 걸어야 할 정도를 벗어나지나 않을까 조심하는 것뿐이다.

　당신의 눈앞에 가야 할 길이 놓여져 있는데 무엇을 주저하겠는가? 그 길이 확연히 보인다면, 선한 의지로 정진하고 뒤돌아보지 마라. 정의를 성취하는 것이야말로 최고의 성공이다. 왜냐하면 사람들이 대부분 바로 거기서 실패하기 때문이다. 하지만 그 길이 분명치 않다면, 잠깐 기다리면서 주위로부터 좋은 충고를 취하라. 만약 충고를 얻는 데도 장애물들이 나타난다면, 당신의 의지로 신중히 판단하되 언제나 정의가 제시하는 길을 따라가라.

좋은 평판을 듣고 있다면 먹칠을 하지 않도록 주의하라

153

당신이 만약 착하고, 겸손하며, 진실하고, 분별력 있고, 건전하고 고상한 정신의 소유자라는 평판을 듣게 되었다면, 그것에 먹칠을 하지 않도록 주의하라. 당신이 만약 그런 평판을 잃게 되었을 때에는 회복하도록 노력하라.

'분별력'이란 각각의 사물에 대한 세심하고 조심스러운 주의력을 말하고, '건전한 정신'이란 자연이 당신에게 부여한 모든 것을 기꺼이 받아들이는 것을 의미한다. '고상한 정신'은 육체에 속한 일들을 초월해 지성을 고양시킬 뿐만 아니라 공허한 명성이나 죽음, 혹은 다른 모든 미혹거리들에 초연해 있음을 뜻한다는 것을 기억하라.

그러나 다른 사람들로부터 그런 평판을 듣고자 애쓰지 말고, 오직 그에 어울리는 생활을 하라. 그러면 당신은 아주 다른

정의를 성취하는 것이야말로 최고의 성공이다

사람이 될 것이며, 전혀 새로운 인생이 펼쳐질 것이다. 현재의 타성으로부터 벗어나지 못하고 여전히 예전과 같은 생활에 젖어 더럽혀진다는 것은 바보나 겁쟁이가 취하는 삶의 방식이다.

이런 사람은 마치 원형경기장에서 맹수와 싸우는 검투사가 온 몸에 중상을 입고 피투성이가 되어 있으면서, 내일 또한 맹수의 똑같은 이빨과 발톱에 만신창이가 될 것이 뻔한데도 내일까지만 살려달라고 애걸하는 모습과 같다. 그러므로 이제 앞에서 열거한 속성들의 배에 그대의 몸을 싣고서, 할 수만 있으면 마치 행복의 섬에 이주한 사람처럼 거기에 머물도록 하라.

그 누구에게도 거칠게 말하거나
부당하게 행동하지 마라

당신은 지난날 신이나 부모, 형제, 아내, 자녀, 스승, 친구, 친척들에게 어떻게 처신해왔는가? 지금까지 이 모든 인간 관계에 있어서 "어느 누구에게도 거칠게 말하거나 부당하게 행동하지 마라!"는 어느 시인의 금언에 부합하는 삶을 살아왔는가?

당신이 지금까지 경험했던 일들, 그리고 그동안 감내했던 모든 일들을 회상해보라. 그리고 당신의 인생의 막이 내려지고, 삶의 모든 짐이 벗어질 때를 생각해보라. 당신은 한평생 얼마나 많은 아름다운 일들을 보아왔는지, 쾌락이나 고통은 얼마나 멀리해왔는지, 명예를 얼마나 무시해왔는지, 소외된 사람들에게는 얼마나 많은 관심과 사랑을 베풀어왔는지를 곰곰이 돌이켜보라.

정의를 성취하는 것이야말로 최고의 성공이다

사람으로 태어나 해야 할 일을 하지 않는 것은 잘못이다

나는 무엇을 하든 인류에 봉사하는 일과 관련해 행동할 것이다. 나에게 무슨 일이 일어나든 우주적 근원과 관련해 받아들일 것이다. 운명이 부여한 환경에 당신을 적응시키되, 그 운명이 그대와 더불어 살도록 한 이웃들을 참되게 사랑하라. 사람이 잘못하는 것은 어떤 옳지 않은 일을 행하기 때문만은 아니다. 해야 할 일을 하지 않는 것 또한 잘못이다.

당신이 옳다고 생각하는 일을 행할 때에는 몸이 얼어붙는 추위에서든 따뜻한 불가에서든, 눈꺼풀이 무겁든지 숙면으로 몸이 개운하든지, 비난을 받든 칭찬을 듣든, 목숨이 위태롭든지 아니면 그 밖의 다른 곤경에 처해 있든지 개의치 마라. 왜냐하면 죽는다는 것조차도 삶의 한 부분이며, 죽는 그 순간에서도 우리가 해야 할 일은 '수행해야 될 일이 잘 마쳐지는지를 확인하는 것'이기 때문이다.

부록

Marcus Aurelius Antoninus

『명상록』의
탄생 배경과
사상적 기원

부록

『명상록』의 탄생 배경과 사상적 기원

『Meditations(명상록)』으로 널리 알려진 이 수필집은 원래 『To Himself(자신에게)』라는 제목으로 아우렐리우스가 진중에서 그리스어로 쓴 글들을 모은 일종의 수기이다. 사실 아우렐리우스는 이 책을 출판할 의도를 전혀 가지고 있지 않았는데, 이 책이 어떻게 『명상록』이라는 제목으로 후대에 전해지게 되었는지는 명확하지 않다. 아마도 이 책을 접한 후대 사람들이 단지 한 개인의 사적인 기록으로 사장되는 것을 안타까워한 나머지, 『명상록』이라는 제목을 붙여 이를 보존하고 출판함으로써 이후 오늘날까지 널리 알려지게 되었을 것이라고 추측할 따름이다.

『명상록』은 전체가 12개의 테마로 나뉘어져 있지만 각 테마별로 어떤 논리적인 체계를 따르고 있지는 않다. 그러나 아우렐리우스는 인간의 가장 본질적 문제인 삶과 죽음, 그것을 지배하는 자연이라는 거대한 신, 그리고 살아가면서 부딪치는 갖가지 삶의 소소한 일들을 그가 평생 연구하고 심취했던 스토아철학의 바탕 위에서 조명함으로써 이 책에 일관된 흐름을 부여하고, 내용상으로는 하나의 체계를 나타내고 있다. 때문에 이 책은 자연의 본성에 따라 생활하는 것이 인간이 살아가는 최선의 길이라는 스토아학파의 신념이 가장 잘 나타나 있는 불멸의 고전으로 손꼽히고 있는 것이다.

아우렐리우스의 사상적 배경은 스토아주의에 있었기 때문에 『명상록』을 보다 잘 이해하기 위해서는 스토아철학에 대한 기본적인 체계를 살펴보는 것이 좋을 것이다. B.C. 3세기경 그리스 철학자 제논에 의해 창시된 스토아철학은 로마 제정 시대에 전성기를 누리게 되었는데, 이 시기의 철학을 가리켜 후기 스토아주의라 부른다. 후기 스토아주의를 대표하는 학자로는 세네카, 에픽테투스, 아우렐리우스를 들 수 있다. 집정관을 지냈던 세네카는 영혼과 육체의 구별을 강조해 스토아학파의 이론을 발전시켰으며, 노예 출신인 에픽테투스는 범신론(汎神論)과 사해동포주의(cosmopolitanism)를 주장했다.

　스토아학파는 아리스토텔레스의 학원에서 정한 철학의 세 분과, 즉 논리학·물리학·윤리학의 탐구에 힘썼는데, 특히 철학의 핵심적 목표를 윤리적 삶에 두고서 자신들의 독특한 철학적 통찰을 우주론에 전개시켰을 뿐만 아니라 삶의 지표를 자연에서 찾으려 했다. 그들은 인생의 최대 행복을 자연과 조화되는 삶에서 찾을 수 있다고 보았다. 그들에게 '자연'이란 오늘날 우리가 생각하는 나무, 돌, 물과 같은 비인격적 실체가 아니라 만물을 유지·성장시키고 활동하게 하는 힘이며, 동시에 정해진 시간에 따라 인과적 원리들에 의해 만물의 질서를 세우는 힘을 의미한다.

이 자연에 깃들어 있는 우주의 운행 질서와 변화의 법칙은 인간 세상을 지배하는 법칙과 동일하다. 따라서 인간 사회의 참된 질서와 법칙을 깨닫고자 하는 사람, 즉 지혜를 추구하는 사람은 자연에 대한 깊은 통찰이 요구된다. 자연에 대한 통찰에 의해서만이 진정으로 행복한 삶의 길이 어떤 것인지를 깨달을 수 있을 뿐만 아니라, 그런 삶을 가능하게 하기 때문이다.

그들에 따르면, 세계는 인간과 사물들이 목적의 원리에 따라 행동하는 질서 정연한 장소이다. 그들은 자연 전체에 이성과 법칙이 작용한다고 했는데, 이를 설명하기 위해 특별한 신의 개념을 도입했다. 그들이 말하는 신이란 자연 전체, 즉 모든 사물 안에 존재하는 이성적인 실체이다. 자연의 전 구조를 통제하고 배열하며, 사건들의 발생을 결정하는 것이 바로 '전체에 퍼져 있는 실제적인 형태의 이성', 곧 신이다.

스토아철학의 중심적 관념은 신이 만물 안에 내재한다는 개념이다. 신은 불·힘·로고스며, 신이 만물에 내재한다는 것은 곧 전체가 이성의 원리로 가득 차 있다는 뜻이다. 신, 즉 로고스는 불·기(氣)·물·땅을 만들고 그것을 혼합해 만물을 만들어 낸다. 로고스는 쇠에서는 단단함으로, 돌에서는 밀도로, 은에서는 하얀 광택으로 부른다. 그리고 모든 사물은 최후에 원래의 것으로 돌아가고 다시 새롭게 만들어지는데, 그것은 긴 세월을 주기로 해 되풀이된다.

스토아철학자들은 이러한 현상이 운명적으로 예정되어 있다고 봄으로써 흔히 운명론이나 숙명론이라고 부르기도 한다. 씨앗에 그것이 자라게 될 요소가 모두 포함되어 있듯이, 만물의 모든 현상은 처음부터 로고스 안에 존재한다. 그것은 우주, 즉 신에 의해 정해진 섭리이기도 하다. 이렇게 우주는 전체로서 유기체(有機體)를 이루고 있으며, 필연과 결정에 의해 지배된다. 즉 운명이 이미 결정되어 있다는 것이다.

스토아철학자들은 세계가 이성, 혹은 신에 의해 펼쳐진 물질적 질서인 것처럼 인간도 그것에 의해 퍼진 물질적 존재라고 보았다. 인간이 자신의 내부에 신성(神性)을 가지고 있다는 것은 바로 인간이 신의 실체 일부분을 포함하고 있다는 의미이다. 곧 신은 세계의 영혼이며, 인간의 영혼은 신의 일부분이다. 인간의 영혼은 신에게서 비롯되어 물리적인 방식으로 부모에 의해 자식에게 전달된다. 그런데 신은 로고스, 즉 이성이기 때문에 인간의 영혼 또한 이성에 뿌리박고 있으며, 결국 인간의 개성은 이성의 힘 속에서 독특하게 표현된다.

스토아학파에게 있어서 이성의 능력은 인간이 사유하고 추론할 수 있다는 것이 아니라, 사물들의 실제적인 질서와 그 속에서의 인간의 위치를 인식할 수 있다는 의미이다. 즉 모든 사물이 하나의 법칙을 따른다는 사실을 인식하는 것인데, 이 법칙의 질서에 인간의 행동을 관련시키려는 것이 스토아철학의 주된 관심사였다.

편역자 이현우·이현준

허전하고 외로운 이들을 위한 위로와 공감
왜 나는 늘 허전한 걸까

조영은 지음 | 값 15,000원

내면의 허전함이 정신적 상처와 연결될 때 혹은 건강한 충만감을 찾는 방법을 모를 때, 마음속에 자리 잡은 결핍감은 우울증, 열등감 등 마음의 병으로 드러난다. 상담심리가인 저자는 마음의 병을 앓는 사람들을 치유했던 사례를 재구성해 소개한다. 공허한 이들과 진심으로 공감했던 치유과정을 흥미로운 이야기로 전하는 동시에 유용한 정보와 치료방법을 알려준다.

권력과 인간의 진실을 해부하다!
마키아벨리의 군주론

니콜로 마키아벨리 지음 | 김경준 해제 | 값 13,000원

불멸의 고전인 『군주론』이 리더십의 정수를 꿰뚫는 인문서로 태어났다. 완독과 의미 파악이 쉽지 않았던 원문을 5개의 테마로 나누어 재편집했으며, 딜로이트 컨설팅 김경준 대표가 성실한 해제를 더해 완성도를 높였다있는 그대로의 세상을 이해할 자세가 마련되어 있는 사람에게 인간이 살아가는 현실에 대한 귀중한 통찰력을 주고자 한다.

인상적인 인상과 풍경을 걷다
인상파 그림여행

최상운 지음 | 값 17,000원

인상파 작품이 그려진 프랑스 각지의 매혹적인 장소를 찾아가서 그림을 되짚어보는 낭만 여행을 떠난다. 19세기를 살았던 인상파 화가들이 그린 매혹적인 프랑스 풍경은 지금 어떤 모습을 하고 있을까? 저자는 인상파 문화의 산실이었던 장소를 생생하게 묘사한다. 인상파 화가가 그림을 그렸을 19세기를 상상하며 글을 읽다 보면 마치 프랑스 도시를 직접 다녀온 것 같은 기분 좋은 착각에 빠져들 것이다.

남자의 내면을 이해하는 최고의 바이블!
그 남자는 도대체 왜 그럴까

런디 밴크로프트 지음 | 정미우 옮김 | 값 19,000원

이 책은 전 세계에서 100만 부 이상 판매되었고 독일, 일본, 중국, 태국 등 30여 개국에서 번역 출간되었다. 이 책은 학대하는 남자들의 내면으로 들어가는 문을 열어주었으며, 가학적인 남녀관계를 벗어날 수 있는 출구를 제시한 기념비적인 저작이다. 17년 동안 가정폭력과 학대하는 남자의 행동을 연구해온 미국 최고의 전문가인 저자는 정신적·육체적으로 여자를 학대하는 남자의 내면세계를 파헤치고 명쾌한 해결책을 제시한다.

엄마가 행복해야 아이도 행복하다!
엄마의 상처 떠나보내기

재스민 리 코리 지음 | 김세영 옮김 | 값 15,000원

늘 피곤해하고 화만 내는 엄마, 필요할 때 곁에 없는 엄마를 두었는가? 이 책은 어릴 때 충분한 사랑을 받지 못한 어른 아이들과 아이에게 충만한 사랑을 주고 싶은 엄마들을 위한 최고의 심리 지침서다. 저자는 엄마의 자리가 부족했던 사람들이 엄마에게 어떤 영향을 받았으며, 어떻게 해야 상처를 회복할 수 있는지 상세하고 친절하게 해법을 제시한다.

마음챙김으로 수줍음과 불안 치유하기
더 강해지지 않아도 괜찮아

스티브 플라워즈 지음 | 값 15,000원

적당한 수줍음은 신중함으로 받아들여지지만 지나친 수줍음은 타인과의 친밀한 관계 형성을 가로막기 때문에 문제가 되기도 한다. 미국의 저명한 심리치료사인 저자는 지나친 수줍음의 문제를 극복할 수 있는 마음챙김의 기술과 지혜를 소개한다. 이 책은 열린 마음으로 행복한 인생을 살고자 하는 사람들에게 도움이 되는 메시지와 훈련법들도 가득하다.

중독으로부터 회복에 이르는 길
어떻게 나쁜 습관을 멈출 수 있을까

프레드릭 울버튼 · 수잔 샤피로 지음 | 값 16,000원

나쁜 습관은 아무리 사소해보이는 것일지라도 삶을 황폐하게 만들 수 있다. 우리는 마약이나 술, 담배뿐만 아니라 쇼핑, 스마트폰, 온라인게임, 운동, 일, 성형, 종교 등 일상에서 즐겨하는 활동에도 중독될 수 있다. 이 책은 당신 삶이 중독으로 인해 서서히 병들어 가는 것을 막고 건강한 삶으로 돌아갈 수 있는 길을 제시한다. 풍부한 사례와 현실적인 조언, 전문적인 지식을 제시하는 해독제와 같은 책이다.

우리 문화와 자화상을 있는 그대로 보자!
정신분석으로 본 한국인과 한국문화

이병욱 지음 | 값 17,000원

이 책은 인감심리를 이해하는 유용한 도구인 정신분석으로 한국인과 한국문화를 분석한 역작이다. 저자는 우리의 역사 및 사회적 현상과 관련된 내용들을 분석적으로 탐색해 개인적?집단적 현상을 심리적으로 재해석하고, 그것에서 비롯된 다양한 문화적 코드를 읽어내고 있다. 이 책을 통해 왜곡된 우리문화와 자화상을 똑바로 볼 수 있게 될 것이다.

외상 후 스트레스 장애(PTSD)에서 벗어나는 법
내 인생을 힘들게 하는 트라우마

바빗 로스차일드 지음 | 김좌준 옮김 | 값 16,000원

신체가 외상 사건을 어떻게 처리하고 기억하며 지속시키는지부터 상처를 진실되게 마주하고 기억해내는 상세한 치유 과정에 이르기까지 트라우마 이론과 치유에 관한 모든 것을 담았다. 이론과 치유 현장 사이의 괴리를 좁히며 미국뿐만 아니라 전 세계에서 트라우마 치유의 대표적 베스트셀러로 자리매김한 책이다.

자기 자신과의 화해를 위한 철학카운슬링
진짜 나로 살 때 행복하다

박은미 지음 | 값 15,000원

인생은 자신이 깊이 빠져 있는 문제에 대해 어떤 태도를 취해야 할지 배우는 영혼의 진화학교다. 이 영혼의 진화학교에서는 자신의 마음을 들여다보고 진정한 마음의 주인이 되어야 비로소 '진짜 나로 사는 행복'을 누릴 수 있다. 이 책에서 저자는 심리학적 설명을 바탕으로 두고 철학적 성찰력을 통해 삶의 방향을 잡도록 조언해주고 있다.

예술감상의 진입장벽을 허물어주는 가장 쉬운 입문서
예술감상 초보자가 가장 알고 싶은 67가지

김소영 지음 | 값 18,000원

저자는 단순히 문화예술계를 취재하면서 느낀 여러 단상을 늘어놓기보다는 어떻게 하면 관객이 더 생각의 가지를 뻗어 공연을 즐기도록 할 수 있을까를 고심하며 이 책을 집필했다. 장르별로 전문서적은 넘쳐나지만 예술 전반에 대한 책은 거의 없는 상황에서 이 책은 예술감상 초보자들에게 예술장르를 아우르는 가장 쉽고 재미있는 가이드북 역할을 할 것이다.

새로운 풍경사진의 세계를 상상하고 담는다!
춘우 송승진의 풍경사진 잘 찍는 법

송승진 지음 | 값 18,000원

이제 풍경사진은 카메라가 있고, 인터넷으로 출사지를 검색하기만 하면 누구나 찍을 수 있다. 하지만 흔해진 만큼 아주 특별한 사진도, 풍경도 없어졌다. 이 책의 저자는 아름다운 곳을 찾아 찍는 것이 풍경사진이라는 생각에서 벗어나 자신만의 느낌과 개성과 이야기를 담는 노하우를 알려준다. 또한 생각과 상상을 달리하는 법을 알려줘 같은 곳을 찍어도 전혀 다른 사진을 담을 수 있도록 도와준다.

죽기 전에 한 번은 유럽의 미술관들을 찾아 떠나라!
잊지 못할 30일간의 유럽 예술기행
최상운 글 · 사진 | 값 16,000원

이 책에 나오는 미술관들은 감히 유럽의 수많은 미술관들 중에 가장 알찬 곳들이라고
말하고 싶다. 최고 수준을 자랑하는 미술관들은 거의 모두 다루고 있다고 해도 과언이
아니기 때문이다. 독자들이 책을 보면서 발걸음이 가볍고 여유 있게 즐거운 여행을 했
으면 한다. 사진작가인 저자의 빼어난 사진을 감상하는 것도 이 책의 또 다른 별미다.

발칸반도와 동유럽으로 떠나는 다크 투어리즘!
낭만의 길 야만의 길, 발칸 동유럽 역사기행
이종헌 지음 | 값 19,500원

저자는 발칸반도와 동유럽으로 다크 투어리즘이라는 새로운 차원의 여행을 떠난다. 다
크 투어리즘은 역사적 비극 및 재난의 현장을 찾아 자기성찰과 교훈을 얻는 여행이다.
세계의 대표적인 분쟁지역인 발칸과 동유럽으로 여행하는 사람들이 이 책을 통해 그곳
의 아름다운 경치와 더불어 아픈 역사까지 함께 알고 가면 여행의 재미와 감동이 훨씬
더 커질 것이다.

보석처럼 빛나는 유럽의 변방 도시들을 찾아서!
유럽의 변방을 걷다
최상운 지음 | 값 17,000원

이 책은 고도의 발전으로 빽빽한 중앙부가 아닌 낯선 변방의 매력을 찾아보고 느껴보
는 색다른 유럽 여행기다. 유럽의 변방 도시 19곳을 통해 유럽의 숨은 매력, 진정한 유
럽의 모습을 비로소 만날 수 있을 것이다. 이 책에서는 한 나라의 수도나 중심도시가
아닌 이른바 지방, 주류가 아닌 비주류에 속하고 특유의 문화를 발달시킨 도시를 소개
한다.

스마트폰에서 이 QR코드를 읽으면
'소울메이트 도서목록'과 바로 연결됩니다.

독자 여러분의
소중한 원고를 기다립니다

★ 소울메이트는 독자 여러분의 소중한 원고를 기다리고 있습니다. 집필을 끝냈거나 혹은 집필 중인 원고가 있으신 분은 khg0109@hanmail.net으로 원고의 간단한 기획의도와 개요, 연락처 등과 함께 보내주시면 최대한 빨리 검토한 후에 연락드리겠습니다. 머뭇거리지 마시고 언제라도 소울메이트의 문을 두드리시면 반갑게 맞이하겠습니다.